一瞬で自分を変える法

アンソニー・ロビンズ［著］
本田　健［訳・解説］

三笠書房

◎もくじ

1 あなたを大物にする「不思議な力《パワー》」

2 「勝利の方程式」のマスター法

3 自分を変える「信念強化」法

4 「成功者のメンタリティ」七つの法則

5 「一瞬にして劇的に」自分が進化する！

6 「やる気」が自動発火する身体のつくり方

7 相手の「深層心理」を鋭く読む法

8 カリスマが必ず持っている「三つの武器」

9 「戦わずして勝つ」言葉の魔力

10 「新機軸を打ち出す」のが上手い人

11 「つねに最高の自分」を引き出すプログラミング

12 富と成功「五つのカギ」

13

最後に、あなたの成功を確信する！

訳者のことば

◎人生には恩師にまさる「恩書」がある！

私の人生を劇的に変えた恩書を、今あなたに紹介します

本田　健

✳「必ず結果を出す！」ノウハウのバイブル

アメリカで最も有名で影響力のあるコーチ――それが本書の著者、アンソニー・ロビンズです。各界の超一流の人たち、錚々《そうそう》たるメンバーが、彼の友人やクライアントとして名を連ねています。

アンソニー・ロビンズは、トニーという愛称でアメリカでは広く知られ、尊敬を受けています。私は現在アメリカで生活していますが、「今、彼の本を翻訳している」と言うだけで、周りの私を見る目が変わるほど、ロビンズは有名で影響力のある人なのです。

実は私も、十年以上前に彼の著書を読んで、人生が劇的に変わった一人です。その後、落ち込んだ時や人生の節目に何度も本書を読み直しては、決意を新たにしてきました。

本書は、私にとって、恩人ならぬ「恩書」とでも言うべきもので、翻訳にも力が入りました。

本書の原題『*Unlimited Power*』は、文字どおり訳すと「無限の力」という意味です。すべての人の中にはすばらしい力が宿っていて、その存在を知り、それを解放することができるという考え方が下敷きになっています。

彼は「本書の本質を一言で言い表わすとすれば『結果を出せ！』ということだ」と書いていますが、本書はその言葉どおり「自分の可能性を一〇〇％発揮して、望む結果を出す」ためのノウハウがつまったバイブルなのです。

「自分に制限をつくらない」生き方

著者ロビンズは、ことあるごとに、Live with Passion!（情熱的に生きよう！）と言います。どれだけ才能、時間、お金がなくても、**情熱さえあれば、道は開けます**。彼自身がそれを自分の人生で証明しています。同じように、何十万人という人が、彼の情熱に動かされて、人生をすばらしく変えています。

リスクを恐れずに前に進んでみると、人生はものすごい勢いで変化していきます。この本のタイトルが示すように、「一瞬で自分が変わる」のが実感できることでしょう。

彼に説得力があるのは、彼が自分の教えどおりの人生を生きているところです。学歴もなく、お金もコネもない状態で、まさにゼロからスタートして、たった三年間で世界的に名前が知られるカリスマコーチになり、成功をほしいままにしています。

アメリカの自己啓発書でベストセラーになっている著者の多くは、大企業の経営者や心理学博士です。その中で、高校しか出ていないトニーが、カリスマ的なコーチとしても、ベストセラーの著者としても大成功しているのは、異例のことなのです。

彼の教えの一番本質的な部分は、自分の人生に制限を設けないことです。

ほとんどの人は、「自分の人生とは、だいたいこんなものだ」と思い、今までの価値観の延長線上で物事を考えてしまいます。自分の可能性を最大限に引き出すことをせず、「自分でつくった制限」の中でしか考えられないのです。

彼のすばらしいところは、「その制限って、誰がつくったの?」と一瞬にして、天井を引き上げてしまうことです。**「思考を自由にすることで、人生は自由になる」**ことを私たちに実践してみせているのです。

✴すべてに"プラスの意味づけ"ができる人は強い

私が本書から学んだことは、たくさんありますが、代表的なものを挙げておきましょう。

この本を読んでから十年以上が経ちますが、今でも日常的に使っているのが、リフレーミングというＮＬＰ（神経言語プログラミング）のテクニックです。

リフレーミングとは、「認知の枠組みを変える」ための技法、わかりやすく言えば、「経験したことや行動の意味づけを変えること」です。

著者も本文中で紹介していますが、敵の猛攻撃を受けている部隊に向かって、ある有名な陸軍将軍は、こう言い放ったそうです。

「我が軍は退却するのではない。反対方向に向かって進軍するのだ」

敵に背を向けるという状況に対して、「退却」という言葉を使うか、「反対方向に進軍する」と意味づけるか。部隊の士気に大きな違いをもたらしたはずです。

つまり、**イメージや認識のしかた次第で、「ピンチ」は「チャンス」に変えられる**ということです。そして、リフレーミングのテクニックを使えば、心の状態が「一瞬にして変わる」ということでもあります。

同じように、過去に起きたある事実の「意味づけ」を変えることで、まったく違った感覚が得られます。子供時代のつらい思い出を楽しい思い出に変えたり、失恋の痛手から立ち直るのにも、このテクニックは使えます。

毎日の生活の中では、いろいろなことが起きます。その出来事に対して、どういう意味づけを行なうかで、前向きな気持ちで生きることも、不幸な気分を味わうこともできます。また、大事な会議や試験がある時、人前で話をする時、恐れや緊張感を持つ代わりに、その体験を楽しいものにできるのです。

あなたが毎日出会う出来事は、本来的には良し悪しをつけられるものではなく、中立的なものです。

そうした中立的な状況を、あなたがどう見ているのかノートに書き出し、読み返してみると、多くのことに気づきます。自分の思考のクセや、必要以上にネガティブな意味づけをしていることなどに驚くかもしれません。

著者は本書で**「人生の主導権を握っているのは、あなただ」**と繰り返し書いていますが、あらゆる経験を「ジャンプ台」として生かすために、リフレーミングのテクニックをうまく活用してください。

必ず、どんな状況にも圧倒されない心の状態をつくることができるでしょう。

自分が「この人だ！」と思う人に食らいついていく

モデリングというテクニックも、人生を大きく変える可能性があります。

モデリングとは、その分野で卓越した実績を出している人の戦略（行動や頭と身体の使い方）をそのまま真似するテクニックです。

私は、この十年以上、自分が「この人だ！」と思う人に食らいついて、その人の一番のエッセンスを学んできました。あこがれる人を手本にして徹底的に真似していくうちに、口グセやポケットに手を入れる仕草まで、自然に身についてしまったこともありました。

尊敬する人の思考パターンや生活習慣を真似ることで、私の人生は大きく飛躍していきました。成功例を真似るのは「学習の基本」ですが、コツコツやっていたら十年かかることを、モデリングは、ごく短期間で可能にしてくれます。

著者も書いていますが、**何か優れた成果を上げた人がいたら、「なぜ彼はそのような結果を出せたのか」と考えることを習慣にしてください。**そうした視点を大切に生きていれば、自分のオリジナルの戦略も自然と練り上げられ、人生は驚くほど豊かに、おもしろいものになっていくはずです。

ただし、モデリングする際に気をつけることは、マイナスの部分まで、真似しないようにすることです。私が若い頃、ビジネスの成功者で、尊敬している人がいました。その人は、ビジネスではすばらしい実績を持っているのですが、家族のことは二の次にしていたので、家族からは相手にされていませんでした。その人をそのままモデリングすると、ビジネスで成功できても家族との幸せが手に入らなくなる可能性が出てきてしまうのです。

✳「人を動かす」言葉を使いこなす

さて、著者は成功するために必要な要素として「柔軟性」を上げています。特に**コミュニケーションにおいて柔軟性を発揮できる人は、相手を自分の思ったとおりに動かすこともできますし、仲間を増やすことができます。**

私自身、「言葉の使い方」には、普段から気をつけています。

たとえば、相手がどのように自分の言葉をとらえるのかを先回りして考えてから、話すようにしています。自分とは意見が違うなと思った時でも、頭ごなしに否定するのではなく、いったん「そうですね」と相手の世界に入り込んでから、自分の考えを伝えるようにしています。

たったそれだけのことで、相手といいコミュニケーションがとれるようになります。

言葉や言い回しの中には、相手の抵抗を誘発する引き金になるものがありますが、極力、そうした言葉も使わないようにしています。

もちろん、いつもうまくできているわけではありませんが、まったく意識しなかった頃に比べて、ずいぶん、コミュニケーションがスムーズになったように思います。こうした相手の感情を尊重するやり方は、本を書いたり、講演をしたりする時にも、とても役に立っています。

この本に出会う前は、相手を理詰めで説得したり、知らず知らずのうちに自分の考えを押しつけて言い負かそうとしている自分がいました。こうしたスタイルを著者は**「言葉のボクシング」**と表現していますが、相手に自分を合わせ、結果的には自分の思いどおりに相手を動かす**「言葉の合気道」**のほうが、より洗練されていてストレスも少ないようです。

特に、指導的な立場にある人たちは、言葉の持つパワーについて知っておくといいでしょう。

✳「富と成功のカギ」で開く〝申し分のない人生〟

最後に、「富と成功　五つのカギ」について。

この十年間、本書の12章にある五つのカギ——①挫折にどう対処するか　②拒絶にどう対処するか　③金銭問題にどう対処するか　④自己満足にどう対処するか　⑤手に入れられそうだ

と思った分より、さらに多くを与える――のことは、いつも考えてきました。

特に、**富と成功を目指すのであれば、「挫折」への対処法は必ず考えておかなくてはなりません。**

私は、お金やライフワークといったテーマを専門にセミナーをしており、これまで豊かさや成功を望む多くの人たちに会ってきました。そこで出会う多くの人は、「やりたいことはあるが、失敗したらどうしよう」と考えています。普通の人にとって、挫折への恐怖は成功と豊かさへの道を阻む大きな原因なのです。

かなりむずかしいと思えることでも、三回も挑戦すれば、うまくいくものです。ほとんどの人は、スタートする前から失敗の恐れで立ちすくんでしまいます。また、恐れを克服してスタートできたとしても、一回の失敗で打ちのめされ、二回目の失敗であきらめてしまうのです。なんともったいないことかと思います。

また、自分の人生に満足し始め、与えることを考えるようになって、私の人生は大きく変わりました。人間は、長生きできても、せいぜい百年です。そして、ほとんどの人にとっては、健康で生きられる年月は、七十年ぐらいしかありません。その**限られた時間をどう使うかで、人生のクオリティーはずいぶん違ってきます。**

本書には、実践的なノウハウがいっぱい詰まっています。ぜひ、できるところから自分の人

生に応用してみてください。最初はうまくいかないでしょうが、そのうちに人生が少しずつ動き出します。すると、もっといろいろなテクニックを試したくなってきます。本書は、あなたのニーズに一〇〇%応えてくれるはずです。

自分の夢に近づくにしたがって、ワクワクすると同時に、恐さも出てきます。その恐ろしさを乗り越えて挑戦できるかどうかが、おもしろい人生を生きられるかどうかを決めます。情熱的に自分の夢に向かって、今日からジャンプしてみてください。

あなたの人生が、すばらしいものになりますように、心からお祈りしています。

1

あなたを大物にする「不思議な力《パワー》」

もうだいぶ前から噂は耳にしていた。その男は若く、裕福で、健康に恵まれ、何をやってもうまくいくという。これは自分の目で確かめなければならないと思った。

私は数週間にわたってその男の行動をつぶさに観察した。

テレビスタジオでの収録に始まり、一国の大統領からある恐怖症患者まで、ありとあらゆる人々に助言を与え、食事療法士や鉄道会社の重役と議論を戦わせ、スポーツ選手や学習意欲の高い障害児とも積極的に関わっていた。

結婚生活は非常に順調なようで、妻を深く愛し、国内は言うに及ばず、二人で世界中を旅して歩いていた。旅が終わると、サンディエゴにひとっ飛び。太平洋の大海原を眼下に見下ろす城のような豪邸で、数日を家族と共に過ごす。

どうすれば、高卒の学歴しかない二十五歳の若者が、短期間にこれほどの成功を収めることができるのだろうか。この男も三年前は独身で、洗面所で皿を洗わなければならないような狭いアパートに住み、不幸のどん底にいた。体重は標準を十五キロ近く上回り、人間関係もうまくいかず、将来の希望もなかった。

そんな人間が、どのようにしてバランスのとれた、健康で、誰からも尊敬される人物として、すばらしい人間関係と、とどまるところを知らない成功を手に入れられたのだろうか。

何もかも信じ難いことだった。もっとも私を驚かせたのは、この男こそ私だということだ。これは私自身の物語なのである。

たった三年で私を「まるで別人」に変えてしまった「不思議な力《パワー》」

私は自分の人生が常に成功に彩られていたと言いたいわけではない。はっきり言っておくが、夢や人生の理想は人それぞれに異なり、その人がどういう人間で、どんな目標を持ち、どれくらい財産を所有しているかは、その人の成功度を測る真の物差しにはなり得ない。

成功とは、少しでも高みに登ろうと努力を怠らないことだ。成功とは感情的にも、社会的にも、精神的にも、生理学的にも、知性的にも、財政的にも、絶えず成長を続けながら、何らかの形で世の中の役に立つことだと思う。

「成功への道」が完結することはあり得ない。**成功とは、到達すべき目的地ではなく、前進し続けるプロセスなのだ。**

要はこういうことだ。これから紹介する原則を実践したおかげで、私は自分自身に対する考え方が変わっただけでなく、より大きな成果を上げられるようになった。何が私の人生をより

良いものに変えてくれたかを読者の皆さんにも知ってもらうことが、この本の目的だ。

ここで紹介する技術や戦略、スキル、哲学は私の潜在能力を引き出してくれた。皆さんにとってもそうなることを私は心から願う。

人は誰もが夢を実現するための魔法の力を持っている。今こそ、その力を解き放つべきだ！現在の私自身の生活を実現させるまでのスピードを思うと、感謝と畏怖の念を覚えずにはいられない。

しかし、私だけが特別な人間というわけではないのだ。現代は、多くの人が一夜にして驚くべき成果を達成し、以前には想像もできなかったような大成功を手にする時代である。

アップル・コンピュータのスティーブ・ジョブズがいい例だ。彼はジーンズをはいた、一文無しの若造だったが、ホームコンピュータというアイデアを元に、誰よりも短期間でフォーチュン五〇〇に入る会社をつくり上げた。

テッド・ターナーもそうだ。彼はそれまで存在すらしていなかったケーブルテレビというメディアを元に、ＣＮＮという一大帝国を築き上げた。

目を見張るような並はずれた成功以外に、彼らに共通しているものは何か――言うまでもないが、それは「力《パワー》」である。

「何でもありの時代」の〝パワーの方程式〟

「力《パワー》」は非常に主観的な言葉で、受け取り方も人によってまちまちである。力という言葉に拒否反応を示す人もいれば、力を求めてやまない人もいる。また、賄賂《わいろ》か犯罪がらみのもので、人を堕落させると思っている人もいる。

しかし、**「究極の力」とは、自分自身が強く望んだとおりの成果を上げながら、世の中のためになる価値をつくり出す能力のこと**だと私は考えている。決して他人を屈服させたり抑えつけたりするものではない。本物の力とは、自分だけの王国――思考、行動――を支配し、まさしく望みどおりの成果を実現する能力である。

歴史を振り返ると、先史時代であれば、肉体的に最強、最速の人間だけが自分と他人の生活を支配する力を持っていた。文明が発達してくると、力は継承されるようになった。王は、自らの王国を象徴するシンボルに取り囲まれ、絶対的な権力によって王国を支配し、周囲の人間は王とのつながりによって力を得た。

さらに産業時代になると、資本こそが力となった。資本を手に入れられる人間だけが生産・加工の工程に携わることができた。これは現在でも同じである。資本はないよりもあったほう

がいいに決まっている。物理的優位も、ないよりあったほうがいい。

しかし、現代の最大の力の源は専門知識だ。

私たちは今、情報化社会に生きている。すでに工業を中心とした文化の時代を通り越し、コミュニケーション中心の文化が全盛である。

現代という時代を象徴するものがあるとすれば、それは大量かつ想像を絶する情報の流れと、それに伴う変化だと言える。雨霰《あられ》と降り注ぐ情報に私たちはさらされている。

ジョン・ケネス・ガルブレイスは、かつてこう言った。

「工業社会の原動力となっていたのは貨幣である。だが、情報社会の原動力となり、力となるのは知識である。今や情報を持った階級と、無知なまま行動せざるを得ない階級という新しい構造が生まれてきた。この新しい階級の力は貨幣の力でも、土地の力でもなく、知識による力だ」

ここで注目すべき点は、現代という時代においては、力を手に入れるためのカギは、万人の手の届くところにあることだ。中世は、王家に生まれた者でないかぎり、王座につく可能性は限りなくゼロに近かった。産業革命の幕開け当時、資本を持っていない者が資本を蓄積する可能性は極めて低かった。

ところが、今はジーンズをはいた若造にも世界に変化をもたらすような会社をつくることが

可能なのだ。

これが〝必ず芽を大きく伸ばす人〟の行動力

ここで疑問が出てくる。たしかにアメリカでは、生活の質の向上に必要な情報を誰もが手に入れられる。書店や図書館はどこにでもあるし、講演会やセミナー、講座に出席して勉強することもできる。しかも誰もが成功を夢見ている。

ベストセラーになるのは自己啓発本ばかりで、それなのに、すばらしい成果を出す人もいれば、なかなか芽の出ない人もいるのはなぜなのか。どうしてすべての人が持てる力を発揮し、幸せで、豊かで、健康な成功者になれないのだろう。

実際には、いくら情報時代といっても、情報がすべてではない。もし、アイデアと積極的思考さえあればこと足りるなら、誰もが「夢のような生活」を送っているはずである。

成功を手にするためには行動が不可欠である。行動が結果を生む。

知識は、効果的な行動をとる術《すべ》を心得ている人が活用するのでなければ、なんの威力も発揮しない。なんと「力（power）」の文字どおりの定義は、「行動する能力」なのである。

めざましい成功を収めている人を目の当たりにすると、きっと何か特別な才能に恵まれた人

に違いないと思いがちだが、それは心理的な罠にすぎない。

もっとよく見てほしい。そうすれば、大成功した人たちが、普通の人にはないものを持っているとするなら、それは行動する能力だとわかるだろう。それは誰もが自分の中に持っている「才能」であり、いくらでも伸ばすことができるものだ。

考えてみれば、スティーブ・ジョブズだけが特別な知識を持っていたわけではないし、テッド・ターナー以外にも、ケーブルテレビの潜在的なビジネスチャンスに気づいた人はいたはずである。しかし、行動を起こしたのはターナーとジョブズだけだった。

大物たちの「不思議な力《パワー》」の正体

また、人生で何を成し遂げられるかは、コミュニケーション力と大きな関係がある。**現代では、「人生の質＝コミュニケーションの質」なのである。**

コミュニケーションには二つの形がある。一つは内的コミュニケーション。つまり、自分の内面での対話や思考、それによって生じる感情のことである。二つ目は外的コミュニケーション。つまり、他者とコミュニケーションをとるための言葉、声の調子、顔の表情、姿勢、身体の動きなどを指す。

コミュニケーションとは、自分もしくは他人への〝働きかけ〟であり、効果的にコミュニケーションができる人は、人とは違った経験、成果を手にできるのである。

コミュニケーションは力である。いかなる行動も感覚も、何らかのコミュニケーションに端を発している。多くの人の考えや感覚、行動に影響を与えるのは、力という道具の使い方を熟知している人間である。

世界に大きな変化をもたらした人たちのことを思い出してほしい。ジョン・F・ケネディ、トーマス・ジェファーソン、マーティン・ルーサー・キング牧師、フランクリン・ルーズベルト、ウィンストン・チャーチル、マハトマ・ガンディー。見方を変えれば、あのヒトラーもその一人である。

彼らはいずれ劣らぬコミュニケーションの達人だ。達人であればこそ、人類を宇宙に旅立たせるという夢や、憎悪に満ちた第三帝国を築き上げるという野望を、自分が思い描いたのと寸分違《たが》わず人々に伝え、人々を動かすことができた。

コミュニケーションの力によって世界を変えたのだ。

実を言えば、どんな分野であれ、一流の人が際立っているのが、コミュニケーションの力なのである。コミュニケーションという人を動かすためのツールを活用すれば、あなたも自分自身を動かせる。

私たちが今いる世界でどれだけ成功できるかは、コミュニケーション力にかかっている。成功には、個人としての成功、精神的な成功、社会的成功、経済的成功などがある。そして何よりも大切な自分の内面的成功（幸福、喜び、歓喜、愛、その他自分が望むすべて）は、自身とのコミュニケーションのとり方と直接関わっているのだ。

人生にはいろいろなことが起きるが、それを「どう感じるか」ではなく、「どう意味づけをするか」があなたの人生に結果となって表われてくる。「何が自分の身にふりかかってきたか」よりも、「ふりかかってきたことにどう対処したか」が人生の成否を決定づけるのである。

人生を〝コントロールする力〟を高める秘訣

私たちは無意識のうちにさまざまなことを考え、解釈しているが、それを意識的に行なうようにすれば、今すぐにでも世界が変わってくるはずだ。

そして、本書の目的は、〝めざましい成果〟を出すために全面的かつ集中的で、無駄のない行動を起こすきっかけを与えることだ。**本書の本質を一語で言い表わすとすれば、こうなるだろう。**

「結果を出せ！」

考えてみてほしい。あなたが関心を寄せているのは、まさにそのことではないのだろうか。もっと自分を変えたい、自分の環境を変えたいと思っているのではないだろうか。コミュニケーションがうまくなりたいとか、いい人間関係を築きたいと思っているのではないだろうか。学習能力を高めたい、もっと健康になりたい、もっと金持ちになりたい……。こうした希望を叶えるのに、本書の情報は必ず役に立つ。

しかし、新たな成果を期待する前に言っておかなければならないことがある。あなたは、これまでにもいろいろな結果を残してきているが、必ずしも自分が望んだとおりの結果ではなかったかもしれない。そして、その原因は外側にあると思っているかもしれない。

ところが実際は、人間の精神活動や行動は、想像以上に自分でコントロールできる。落ち込んだ時は、いかにも憂鬱《ゆううつ》そうな外観を自分でつくり出している。有頂天になっている時も同じだ。

人間はたまたま憂鬱になるのではないと覚えておいてほしい。精神と肉体が憂鬱特有の活動をすることで、自ら憂鬱な気分をつくり出しているのだ。

憂鬱な気分になるのは簡単だ。がっくりと肩を落とし、伏し目がちにするといい。暗い声で話し、最悪の人生シナリオを組み立てるのも効果的だ。バランスの悪い食事と酒と麻薬で身体をボロボロにし、血糖値も下がりすぎれば、必ず憂鬱になれるはずだ。

世の中にはよく憂鬱になっている人がいて、そういう人にとってはそれくらい朝飯前だ。現に、彼らは憂鬱になる理由を見つける天才だ。憂鬱になれば、人から注目されたり、同情や愛情が手に入ったりするという思いがけない収穫があるので、それがごく自然なコミュニケーションのあり方になっているのだ。

長い間そうやって生きてきたので、そうしていることが心地よい。憂鬱な気分が身についてしまっているのだ。しかし、精神と肉体の活動を変化させれば、すぐにでも人間の気持ちや態度は変わってくるものだ。

成功者は例外なく「自分とのコミュニケーション」がうまい!

内面的コミュニケーションを成功者のそれにふさわしい状態にするのは、映画監督の仕事に似ていると思う人もいるだろう。

映画監督は観客を驚かせたいシーンがあれば、その瞬間に大きな音を立てたり、特殊効果を使ったりするだろう。感動を与えたいと思えば、それにふさわしい音楽や照明など、あらゆるものを駆使して画面をつくり上げる。同じ映像でも、監督がそれをどう料理するかによって、悲劇にも、喜劇にもなる。

あなたの〝心のスクリーン〟でも同じことができる。頭の中にある積極的なメッセージの音量を上げ、そこに光を当てて、消極的なメッセージを目立たないようにするのだ。スピルバーグ監督やスコセッシ監督が撮影する時と同じ名人芸でもって、頭を働かせればいいのだ。

本書で私が紹介することは、なかなか信じてもらえないかもしれない。思いのままに自分の長所を引き出す方法があると言っても、にわかには信じてもらえないだろう。

百年前に、「人間はいつか月へ行く」などと言おうものなら、気が触れていると思われるか、奇人変人扱いされただろう。ニューヨークからロサンゼルスまで五時間で行けるなどと言おうものなら、頭のおかしい空想家と思われただろう。

現在、ある航空宇宙関連の会社は、十年後にはニューヨークとカリフォルニアを十二分で結ぶことのできる乗り物を開発中だという。

それと同じように、本書では、これまで自分にはないと思っていた能力を手に入れられるテクニックと「法則」を身につけられるのだ。

「訓練された努力には、何度も何度も見返りがある」

ジム・ローン（世界的成功学者）

一流人が実行している「究極の成功方程式」

一流の域に達した人は、順調に成功への道を歩んでいく。私はそれを「究極の成功方程式」と呼んでいる。

成功の第一歩は、「目標」を持つこと、つまり自分の望みを正確に定義することである。

その次は「行動」することである。行動しないかぎり、夢は夢で終わってしまう。それも、ただ行動すればいいのではなく、希望どおりの結果を得るために一番の近道となるような行動をしなければならない。だが、行動しても望みどおりの結果が得られるとは限らない。

そこで、三番目に必要なのは、**自分の行動の結果が目標に近づいているのか、それとも遠ざかっているのかを速やかに判別すること**である。日常会話であれ、普段の習慣であれ、自分の行動がどんな結果をもたらすか、知っておく必要がある。

そして四番目は、**柔軟性を身につけることだ**。希望どおりの結果を手にするために、うまくいく方法が見つかるまで、絶えず適応し、調整し、臆することなく実行に移す。

成功した人を見れば、必ずこの四つの段階を踏んでいることがわかる。

◎あの天才スピルバーグも「方程式」どおりのプロセスをたどって成功

たとえばスティーブン・スピルバーグは、三十六歳の時に映画制作者として歴史上もっとも大きな成功を収めた。すでに『未知との遭遇』（それまでの興行成績第一位）、『E.T.』など、当時の興行成績歴代トップテンのうち四本の映画の制作指揮を執っていた。

この若さで、どのようにしてこれだけの成功を手にしたのだろうか。そこには驚くべき物語があった。

十二、三歳の頃から、スピルバーグは映画監督になりたいと考えていた。十七歳の時、ツアーでユニバーサルスタジオを見学に行き、彼の人生は大きく変わった。

そのツアーでは、映画制作の中心となるスタジオは見られそうになかったため、スピルバーグは途中で抜け出し、本物の映画づくりの現場を見に行った。最後には、ユニバーサルの編集部長と話をした。一時間ほど話をすると、相手はスピルバーグの作品を見てみたいと言った。

普通なら、ここで話は終わりになるところだが、スピルバーグは並の人間ではなかった。彼には人間力があり、自分の望みをよく心得ていた。最初の訪問の経験から、違う方法でのアプローチを試みることにした。

翌日、スーツを着込み、父親から拝借したブリーフケースにサンドイッチとチョコバー二本を入れると、それを持って、まるでそこで働いている人間のような顔をして、またスタジオを

訪れた。その日は、いかにも訳ありげな顔をして、守衛の前を通り過ぎた。そして使われていないトレーラーを見つけると、ドアに「スティーブン・スピルバーグ監督」という名札をぶら下げた。

その夏は、憧れの映画の世界の片隅でぶらぶらしながら、監督、脚本家、編集者との出会いを楽しみ、どんな会話からも何かを学び取り、観察し、映画づくりに必要な感性に磨きをかけた。

二十歳になる頃には、スタジオの常連になっていた。スピルバーグは自作の小品をユニバーサルに見せ、テレビシリーズの監督として七年間の契約を結んだ。こうして彼は夢を実現させた。

スピルバーグは、究極の成功方程式どおりのプロセスをたどって成功を手にした。情報を収集し自分の願望を把握した上で行動を起こした。鋭い感性で結果を予測し、何をすれば目標に近づけるか、それとも反対に遠ざかってしまうかを判断し、夢の実現のために自分を変える柔軟性を持っていた。

突きつめれば、私の知っている成功者はみな同じことをしている。希望どおりの人生を築き上げるまで、変化をいとわず、柔軟に対応できる人だけが成功を手にできるのである。

◎"自分を奮い立たせる達人"だったカーネル・サンダース

もう一つ例を挙げよう。ケンタッキー・フライドチキンのカーネル・サンダースは、億万長者になって一大帝国を築き上げただけでなく、アメリカの食習慣に大きな変化をもたらした。

カーネルは、フライドチキンのレシピと倒産寸前のささやかなレストラン以外には何もないご隠居さんだった。もちろん後ろ盾となる組織などあるわけがない。初めて年金を手にした時、あまりの少なさに驚いたのだろう。彼は自分のフライドチキンのレシピを売って、何がしかの金儲けができないものかと考えた。

最初に思いついたのは、レストラン経営者にレシピを売り、売上の何パーセントかを支払ってもらうことだった。

しかし、このビジネスプランは結局、たいした成功を収められなかった。カーネルは車に寝泊まりしながら全国を旅し、出資者を探しまわった。断られてもあきらめることなく千回以上もドアを叩き続けていると、ついに奇跡が起こった。出資者が現われ、カーネルは事業を始めることができたのだ。

皆さんの中で、特別なレシピを持っている人は何人いるだろう。白いスーツに身を固めた恰《かっ》幅《ぷく》のいいおじさんに匹敵するカリスマ性と体力を持ち合わせている人は何人いるだろう。カーネル・サンダースは決然と、かつ飽くことなく行動する力を持っていたからこそ財を成すこと

ができたのだ。

望みどおりの結果を出すために必要な人間力と、何千回「ノー」と拒絶されても、ドアを叩き続けようと自分を奮い立たせる力を兼ねそなえていた。どこかに必ず「イエス」と言ってくれる人がいることを心の底から信じていたのだ。

過去の〝マイナスのプログラミング〟を断ち切る画期的な方法

結局、**本書で取り上げる内容はすべて、成功に向けて「行動」を起こすためのきっかけをあなたの脳に与えることを目的としている。**

私は毎週のように「マインド・レボリューション（心の革命）」と題された四日間のセミナーを開いている。このセミナーでは、もっとも効果的な脳の働かせ方から、効果的な食事のしかた、呼吸法、活力を高めるためのエクササイズなどの指導を行なっている。

また、恐怖によって立ち止まることなく行動するにはどうしたらいいかを学ぶ。セミナーの最後に、参加者は四メートルほどにわたって敷き詰められた火のついた炭の上を歩くことになる。上級クラスになると、距離は十二メートルにもなる。

これがマスコミに大々的に取り上げられ、かえって私の言わんとすることが正しく伝わりに

くなってしまった。

大切なのは火の上を歩くことではない。火の上を歩くことで「自分の可能性を信じる力」を証明してほしいのだ。

火の上を歩くという行為は、大昔からいろいろな形で行なわれてきた。ある国では、それで信仰の強さをはかったりもする。私のセミナーで参加者に理屈抜きで理解してもらいたいのは、人は変われるということ。成長し、能力を伸ばし、不可能を可能にできるのだ、ということである。

恐怖心や限界は、自分でつくり出したものにすぎない。火の上を歩ける人と歩けない人の違いは、過去の体験によってプログラミングされた恐怖を乗り越えて行動に移せるか否かにある。成功は偶然に手に入るものではない。良い結果を出せる人とそうでない人がいるが、それとても偶然ではない。

皆さんは、スピルバーグとケネディ大統領やキング牧師との共通点について考えたことはあるだろうか。彼らが人々に大きな影響を与え、感動させることができたのは、どういう共通点があったからだろう。すべての成功者に共通しているのは、絶えず夢の実現に向かって効果的な行動ができることだ。

〝成功に向かって驀進《ばくしん》する人〟が持つ「七つの特性」

ところで、彼らが来る日も来る日も、目的達成に向かってすべてを注ぎ込めるのはなぜなのだろうか。もちろんさまざまな要因が考えられるが、情熱を持って成功に向かって驀進する人たちには「七つの特性」が備わっている。

1 寝食を忘れ、とりつかれたように打ち込む「情熱」

成功した人たちは、目標に向かって情熱をかき立て、やる気を起こし、まるでとりつかれたように驀進する。情熱が彼らを行動と成長、そして上昇へと駆り立て、成功の原動力となり、彼らの潜在能力を引き出している。早朝から深夜まで一生懸命働くのも、情熱があればこそである。

情熱は元気の源であり、あらゆるものに意味を与えてくれる。アスリートであれ、芸術家、科学者、あるいはビジネスマンであれ、偉大でありたいという情熱がなければ、どんな偉業も本当の意味で偉大とは言えない。

2 「信念」こそ魔法の力

宗教に関する本ならば、必ず信仰と信念が人間に与える力と影響について言及している。大きな成功を収めた人は、「信念」の持ち主である。

もし魔法の力を信じていれば、あなたは魔法のように不思議な人生を送るだろう。自分の人生には限界があると信じていれば、そのとおりの現実になる。「自分にはできる」と信じていることは、やがて実現する。

本書では、皆さんの信念を変える具体的かつ科学的な方法を紹介し、是が非でも実現させたい夢の成就をお手伝いしたい。たとえ情熱的であっても、「自分には限界がある」と考えている人は、夢の実現に向けて行動することはないだろう。

情熱と信念は、私たちの向上心を駆り立てる原動力である。

だが、それだけでは十分ではない。原動力だけでいいのなら、燃料を満タンにしたロケットを、やみくもに大空に向かって打ち上げればすむことである。原動力の他に必要なのは道筋であり、論理的に前進するための知性である。目標に正確に到達するには、必要なものがいくつかある。それを次に挙げておく。

3　情熱・能力を体系的にまとめ上げる「戦略」

戦略とは、持てるもの（情熱や能力など）を体系的にまとめ上げる手段である。映画制作者になろうと決心したスピルバーグは、何を学び、誰に会い、何をすべきかを考えた。情熱も信念もあったし、それを最大限に生かすための戦略もあった。

すばらしいエンターテイナーや政治家、ビジネスマンは、能力や情熱に加えて、周到に練り上げた戦略がなければ成功できないことをよく知っている。**才能と野心を正しく生かすために必要なのが戦略である。**

がむしゃらにドアを叩き壊してしまうか、それとも鍵を使ってすんなりドアを開けるか。この違いは大きい。

4　〝進むべき道〟を教えてくれる「明確な価値観」

価値観は、生きていく上で、何が正しく、何が間違っているかを判断するための明確な信念体系である。価値観は意義のある人生を送るために絶対欠かせないものだが、自分にとって何

が大切か、よくわかっていない人が多すぎる。自分の言動を後で後悔する人がいるが、それは価値観が明確になっていないからだ。

大成功を収めた人は、ほぼ例外なく、「本当に大切なこと」がはっきりしていてぶれない。ロナルド・レーガン、ジョン・F・ケネディ、マーティン・ルーサー・キング牧師、ジョン・ウエイン、ジェーン・フォンダ——彼らはそれぞれにユニークなヴィジョンを持っていたが、彼らの価値観はすばらしいものだった。

成功者にふさわしいヴィジョンを持つことは、もっとも効果的で、挑戦しがいのあることだ。

5 〝チャンス〟を続々生み出す「高エネルギー」

エネルギーに満ちた人は、じっとしていられない。彼らはチャンスを逃さないどころか、自らチャンスを生み出していく。彼らは毎日のようにすばらしいチャンスに恵まれ、もっと時間がほしいと思いながら生きている。

偉大な成功は、物理的、知的、精神的エネルギーとは切っても切れない関係にある。エネルギーさえあれば、自分の持てる力をいかんなく発揮できるのだ。

6 自分の味方を増やす「対人関係力」

成功者はほとんど例外なく、人と絆を築く類《たぐ》いまれな能力を持っている。生い立ちも信念もさまざまな人たちとつき合い、心を通い合わせることができるのだ。

たしかに、世界を変えるような発明をする狂気の天才科学者が時々現われることもあるが、どんな天才も人とのつながりを疎《おろそ》かにしていたら、あるレベルの成功しか望めない。ケネディやキング、レーガン、ガンディーのような偉大な人々は、何百万もの人と絆を結ぶことができた。

最大の成功は世界の表舞台にあるわけではなく、あなたの心の奥底にある。誰もが人との永続的で愛情に満ちた絆を求めている。それなしには、どれだけ成功を収めても、虚しいばかりである。

7 人生の質を決める「コミュニケーション力」

最後の特性については、すでに説明したとおりだ。他人、そして自分と、どうコミュニケー

ションをとるかが、最終的に私たちの人生の質を決める。成功できるのは、試練に立ち向かい、その経験を自分のものにし、変化していける人である。

失敗するのは、困難にぶつかると、それ以上進もうとしない人である。私たちの人生に影響を与え、文化を担っていく人もまた、コミュニケーションの達人である。**成功者に共通しているのは、自分の思想や追い求めているもの、喜び、あるいは彼らに課された使命を人々に伝える能力に秀でていることである。**

コミュニケーションの達人になれば、いい親になれるし、芸術家、政治家、教師として偉大な業績を残すことができるだろう。

石油で大成功したテキサスの億万長者バンカー・ハントは、成功するためのアドバイスを求められて、こう答えた。

「成功するのは簡単だ。最初に、自分が求めているものを具体的に思い描く。次に、その実現のためにどんな犠牲もいとわないと心に誓い、実際に犠牲を払わなければならない」

〝犠牲をいとわない〟と決意しないかぎり、ほしいものを手に入れることはできない。私は**「口先だけの多数派」に対して、求めるものを明確にし、犠牲をいとわない人を「行動する少数派」と呼ぶ。**

成功した人たちの多くは、願いを実現するまでに数え切れないほど修正に修正を重ねている。

試行錯誤も捨てたものではない。ただし、一つだけ欠点があるとすれば、人生で最大の資源である「時間」がかかりすぎることだ。

効率の良い学習法があったらいいのにと思うことはないだろうか。成功者とまったく同じ知恵を短時間で身につけたくはないだろうか。

それには、成功者を手本にして、成功に至る過程を正確に再現すればいい。「ただ成功を夢見ているだけの人」と「成功者」とは何が違うのか。

それを今から解き明かしていこう。

2

「勝利の方程式」のマスター法

高速道路を時速百キロを越すスピードで走っていた時のことだった。ほんの一瞬、道路脇の何かに目を奪われ、視線を戻した時にはほとんど手遅れだった。

目の前を走っていた大型トラックが急ブレーキをかけたのだ。その瞬間、なんとか衝突だけは避けようと、バイクを倒して横滑りさせた。スローモーションでバイクがトラックの下に吸い込まれていく。彼はそれが永遠に続くのではないかと思えた。その時、燃料タンクの蓋がはずれ、引火するという最悪の事態が起きた。

気がつくと、そこは病院だった。身体中が燃えるように痛み、身動き一つできず、息をするのもつらかった。体表の四分の三に、重度の火傷を負っていた。それでも彼は死の淵から生還し、ビジネスマンとしてのキャリアを積んでいった。

ところが、再び悲劇が彼を襲った。今度は飛行機事故に遭い、下半身が麻痺してしまったのである。

試練を〝さらなる成長のチャンス〟にする人

人間は生きていると、究極の試練に立ち向かわなければならないことがある。持てるものすべてが存続の危機にさらされ、自分だけが不幸な目に遭っているように思える。信念や価値観、

忍耐、思いやりの心、最後までやり抜く力、それらすべてが限界を超えたところまで試されるような状況に陥ることがある。

こうした試練を「成長のチャンス」とする人もいるが、打ちのめされてしまう人もいる。この違いがどこから生まれてくるのか考えたことはないだろうか。

物心ついてからというもの、私は人より抜きん出た人を見ると、なぜそうなのか考えずにはいられなかった。リーダーとなり、目的を達成するのはどういう人なのか。逆境にありながら人生を切り拓いていく人がいる一方、失望や怒り、憂鬱だけを友としている人がいるのはなぜか。

こんな男もいる。先ほど紹介した男と比べてみてほしい。この男の人生ははるかに有望だった。富に恵まれ、才能豊かな芸人で、ファンもたくさんいた。二十二歳で、シカゴの有名なコメディ劇団の最年少のメンバーになり、たちまちスターになった。

やがてニューヨークでの興行が大成功を収め、テレビ界を席巻する存在になり、ついには映画スターとしてその名は全国に知れわたった。音楽界にも進出し、またたく間に大成功を収めた。友人に囲まれ、結婚生活も順調で、ニューヨークと有名な避暑地にすばらしい家を買った。ほしいものは何でも手に入る夢のような生活だった。

あなたなら、どちらの生活を望むだろう。最初の人の人生を選ぶ人はまずいないだろう。

〝柔軟な状況対応力〟でここまで大差が！

最初の男は、私の知っている中でも、もっとも精力的で、力強く、成功している一人だ。彼の名前はW・ミッチェル、今はコロラドで元気に暮らしている。

致命的なバイク事故に遭ったものの、その後の人生は成功と喜びの連続だった。アメリカでもっとも影響力のある人たちと親交を結び、ビジネスでも成功し、大金持ちになった。顔には痛々しい火傷の跡が残っていたが、「議会に花を添えるだけの議員にはなりません」というスローガンを掲げて議員に立候補もした。

二人目は、ジョン・ベルーシ。彼はコメディアンで、七〇年代の芸能界でもっとも成功した一人である。

ベルーシは多くの人に喜びを与えたが、彼自身の人生は決して豊かとは言えず、「コカインとヘロインによる急性中毒」により、三十三歳の若さで死んだ。すべてを手に入れて慢心した彼は、麻薬中毒になり、すっかり老け込んでしまっていた。物質的にはすべてを手に入れたが、精神的には空虚なまま何年も走り続けていたのだ。

同じような話はどこにでもある。

想像を超える逆境に打ち勝ち、人生の勝者となる人がいる一方で、何の不足もない環境にありながら悲惨な人生を歩むことになる人がいるのはなぜなのか。同じ経験をしても、それを自分のために生かせる人と、生かせずに堕落してしまう人とがいる。いったい人生の質を決定づけるものは何なのだろうか。

私はそのことがいつも頭から離れなかった。成長するにつれ、すばらしい仕事を持っている人、人間関係がうまくいっている人、よく鍛えられた肉体の持ち主など、いろいろなタイプの「恵まれた人」を見てきた。そういう人たちと自分との違いは何なのか、私はいつも知りたいと思っていた。

その違いは、自分自身とのコミュニケーションのとり方と行動、それだけだ。

できることはすべてやったのにうまくいかない時、どうすればいいのか。成功する人も、しない人も、同じように問題にぶち当たる。そして失敗と成功の分かれ目は、何が自分の身にふりかかったかではなく、起きてしまったことをどう考え、どう対処するかである。

「脳を最大限に活用する」科学プログラム

私はいつも、他の人はどのようにして結果を出しているのか、具体的に知りたいと思ってい

た。めざましい結果を出せる人が必ずやること、それが成功のきっかけになることには前々から気づいていた。自分とうまくコミュニケーションできる人が成功することはわかったが、その具体的な方法を知りたいと思った。

成功者のやり方を寸分違わずなぞれば、きっと彼らと同じ成果を上げられるはずだと考えたのだ。

たとえば、苦境に立たされても思いやりを忘れない人がいたとすると、その人の考え方、行動、戦略がわかれば、私自身も思いやりのある人間になれるというわけだ。

二十五年間、変わることのない深い愛情で結ばれた夫婦がいたとする。その二人の行動や信念を自分のものにすれば、私自身も同じように愛情溢れるパートナーシップを築くことができるだろう。

実は、私は以前とてつもなく太っていた。そこで、やせた人の食習慣や信念がわかれば私もやせられるのではないかと考えた。その結果、十五キロほど体重を落とすことができた。お金や人間関係の問題も、同じように解決できた。

そして出会ったのが、神経言語プログラミング（NLP）だった。NLPは、いわゆる言語と非言語が神経系に与える影響に関する研究である。

神経系への命令伝達によって人間は行動する。めざましい成果を出せる人は、神経系を通し

て有益な情報を脳に送っているのだ。

NLPは、自分自身とのコミュニケーションのとり方を研究するもので、能力を最大限に高める状態をつくることで選択肢の幅を広げる方法を教えてくれる。

わかりやすく言えば、**NLPは、人間の脳を思いどおりの方向へと導くための系統立った枠組みであり、自分が望んだとおりの結果を出すために脳を最大限に活用するための科学である。**

NLPは、私の長年の疑問——なぜ特定の人々は常に最高の結果を出せるのか——に答えを与えてくれた。早朝からすっきりと、元気いっぱいに目覚めるられる人は、本人がそのように自分をプログラムしているのだ。

そしてNLPは、神経学的には人間はみな同じだということを前提としているので、早朝からすっきりと目覚められる人と同じように神経系を動かすことができれば、誰でも元気いっぱいで早起きができるはずである。

〝優秀な手本〟さえ見つかれば話は簡単だ

繰り返すが、NLPでは「他人にできることは、あなたにもできる」としている。問題なのは「結果」を出すための「戦略」だ。

スペリングを間違えない人を手本にすれば、ほんの四、五分で、あなたもスペリングを間違えないようになれる。子どもと心を通わせるのがうまい人を手本にすれば、あなたも同じようになれる。

もちろん、話が複雑になれば、戦略をそっくり真似るのに長い時間がかかるだろう。しかし、自分を変えたいという確固たる欲求、信念、根気、そして「手本」があれば、不可能なことはない。NLPを使えば、成功者が長年かけて培ってきた〝成功のエッセンス〟を短期間で（少なくとも最初に結果を出した人よりもはるかに短い時間で）吸収し、結果を出すことができるのである。

NLPは、ジョン・グリンダーとリチャード・バンドラーによって提唱された。グリンダーは世界的な言語学者。バンドラーは数学者、ゲシュタルト療法の専門家であり、コンピュータの知識も豊富だった。

二人は成功したビジネスマンやセラピストなど、優れた業績を上げている人たちが「なぜうまくいっているのか」を独特の手法で分析し、それを他の人が理解して自分のものとできるように体系化した。

これが「モデリング」というNLPの基本モデルの一つである。

私はNLPに関する本をいろいろと読んだが、「モデリング」についてはほとんど述べられ

ていないのに驚かされた。私にとって、モデリング――結果を出すための具体的な方法論を明らかにすること――こそが自分を高める近道なのだ。つまり、自分の求める結果をすでに出している成功者を見つけ、手本にすればいいのである。そして、手本とした人の行動、とくに頭と身体の使い方を厳密に把握することだ。

目標はいろいろあるだろう。友情に篤い人間になりたい、金持ちになりたい、良い親になりたい、優秀なスポーツマンになりたい、事業で成功したい等々。何をするにせよ、とにかく優秀な手本を見つけることが先決だ。

〝世界を動かす人〟に恐いほど共通すること

世界を動かしているような人は、得てして他人の優れているところを盗むことに長《た》けている。

彼らは「他人の経験を手本とし、成功のエッセンスを学び取る技術」を習得している。そうすることで時間という貴重な資源を有効に活用しているのである。

事実、『ニューヨーク・タイムズ』紙に掲載されるベストセラーの大半は、「ものごとをより効率的に学ぶための方法」を論じたものだ。

犬をしつける時には「パターン」を教え込むが、人間にも同じ方法が使える。

私には、射撃に秀でた狙撃兵の動き、心理状態を正確に把握することによって、アメリカ合衆国陸軍が誇る狙撃兵の命中率を向上させた経験がある。私自身も空手の師範の思考パターンと身のこなしを観察し、その技術を習得した。

私が指導したスポーツのプロ選手やオリンピック選手は成績を上げた。彼らが最高の成績を出した時のパターンを割り出し、それをタイミングよく、正確に再現する方法を示してやったのだ。

人の成功例を真似るのは、「学習の基本」とされる。テクノロジーの世界の進歩は、過去の発明や画期的開発の上に成り立っている。ビジネスの世界でも、過去の経験に学び、最新の情報に基づく経営をしない会社に未来はない。

ところが、個人の願望実現という分野では、いまだに時代遅れの理論と情報が幅をきかせている。

自分の可能性を一〇〇%引き出す「三つの扉」

ＮＬＰの創始者、バンドラーとグリンダーによれば、ある人をモデルにして自分も成功を手にするためには、次に挙げる三つの要素に注目しなければならない。

一つ目は、その人の「信念体系」である。何を信じているかで、その人の人生は左右される。「できると思うか、できないと思うか、いずれにせよ、あなたは正しい」という言葉がある。「自分には何かを成し遂げる能力がある」という信念がなければ、神経系統は能力を制限しようとするメッセージを絶えず発するようになる、という意味では、この言葉は正しい。

反対に、自分には何かを成し遂げる能力があるというメッセージを送り続けていると、「望みどおりの結果を出すように」と脳は刺激を受け、実現の可能性が出てくるわけだ。ある人の信念体系を模倣するのは、その人と同じような行動をとるための第一歩である。

二つ目は、その人の「心のシンタクス（構文）」、つまり「思考回路」である。シンタクスとは一種の暗号のようなものだ。人には頭に浮かんだ考えを系統的に配列しようとする働きがある。たとえば、電話番号は頭から正しい順番でボタンをプッシュしなければ、目指す相手につながらないように、人間の脳も効率的に望みどおりの結果を出すには、正しい思考回路で考えなくてはならない。

コミュニケーションも同じである。コミュニケーションがうまくいかないのは、自分と相手が使っている暗号、つまり心のシンタクスに食い違いがあるためで、その暗号を解読できれば、最高の資質を持った人々を模倣できるようになるのだ。

三つ目は、「生理機能」、つまり外見や身体の動きである。精神と肉体を切り離して考えるこ

とはできない。呼吸法、姿勢、顔の表情は、精神や肉体の状態を左右している。それは詰まるところ、行動にも大きな影響を及ぼしている。

大富豪を徹底的に真似してさらに〝世界一の大富豪〟へ

実を言えば、人間というのは絶えず何かの真似をしている。子どもが言葉を覚える時も、スポーツマンが先輩の指導を受ける時も、ビジネスマンが起業する時も、すべて模倣から始まる。ビジネスの世界から一つの例を紹介しよう。世の中には時間差を利用して大儲けしている人がたくさんいる。現代は、文化的に画一化の進んだ時代なので、一カ所で当たれば、他の場所でも受け入れられることが多い。

たとえば、デトロイトのショッピングモールでチョコチップクッキーの販売で成功した人がいれば、ダラスでも同じように成功できる可能性は高い。また、シカゴで流行るサービスは、ロサンゼルスやニューヨークでも流行るだろう。

ある町で成功を収めている事業を見つけ、別の町で人よりも早く同じ事業を始めて成功する人は多い。うまくいったシステムを真似すればいいのだから、成功の確率は高くなる。さらに改良を加えることもできる。最初から成功が約束されているも同然だ。

日本人は世界一、真似のうまい国民だ。自動車であれ、半導体であれ、他人のアイデアや製品を元に、綿密な模倣によっていいとこ取りをした上、さらに改良を加えていくというのが日本人のやり方だ。

国際的な武器商人のアドナン・カショギは、世界一の大富豪だろう。彼がそうなれたのは、ロックフェラーやモルガン一族のような財界の大物の真似をしたからだ。あらゆる文献を読み、考え方を研究し、戦略を模倣したのだ。

私は成功者の戦略にならうことですぐに結果が出せるようになったが、引き続き、短期間でめざましい成果を出せる思考法と行動のパターンを探し続けた。私はそれを「最適性能テクノロジー」と名づけ、本書のテーマとした。

ただし、私が紹介することをそのまま皆さんにマスターしてもらうのが本書の目的ではない。皆さんは、独自の成功戦略をつくらなければならない。

先駆者は〝踏み台〟にするためにある

「モデリング」は決して新しい考え方ではない。どんな偉大な発明家も、先駆者の発明を手本にして新たな革新を生み出していく。

ただ、誰かを手本にするのはいいが、この人から少し、あの人から少しという具合に、目的も持たずに適当に選んでいると、本当に重要なものを見落としてしまうから要注意だ。

「準備とチャンスとが出会うと、幸運という子どもが生まれる」

アンソニー・ロビンズ

この本を、より正確かつ意識的に「モデリング」を行なうためのガイドブックとして活用してほしい。そうすれば、これからはもっと自覚的に生きられるようになるだろう。

私たちの周りには、驚くほど多くの「資源」と「戦略」がある。私が皆さんに望むのは、成果に直結した「行動パターン」に常に目配りし、誰を手本にすべきかを考えることだ。

何か優れた成果を上げた人がいたら、間髪を入れずに「なぜ彼はそのような結果を出せたのか」と考えなければならない。

今後は何を見ても、「何が優れているのか、何がすばらしいのか」を見極め、それを生み出した源を探ってほしい。そうすれば、あなたの成功は約束されたも同然である。

3

自分を変える「信念強化」法

『笑いと治癒力』（岩波現代文庫）の中で、著者のノーマン・カズンズは、二十世紀の偉大なチェリスト、パブロ・カザルスについて興味深い話を紹介している。それは信念と再生についての物語で、非常に私たちの参考になる。

よぼよぼの老人が〝巨匠〟に変身する瞬間

カズンズがカザルスと会ったのは、巨匠の九十歳の誕生日の直前だった。カザルスが苦労しいしい起き上がる様子は、見ていて胸が痛んだという。関節炎で弱っていて、一人では着替えもできなかった。肺気腫のため、息をするのもつらそうで、歩く時は前屈みで足を引きずるようにしていた。手は腫れ上がり、指は固まり、非常に年老いて、疲れ果てて見えた。

食事の前に、カザルスはピアノのところへ行った。カザルスはピアノの腕もすばらしかった。四苦八苦して、ピアノの椅子に腰を下ろしたものの、腫れ上がって、固まった手を鍵盤の上に載せるだけでもひと苦労だった。

ところが、その時、奇跡が起こった。カザルスは、カズンズが見ている目の前で突然変貌を遂げたのだ。カザルスの身体に力がみなぎった。そして健康体で、力もあり、柔軟性もそなえたピアニストにしかできないような演奏を始めたのだ。カズンズの言葉を借りれば、

「指がゆっくりと開き、太陽に向かってつぼみが伸びていくかのように、指が鍵盤に向かって伸びていった。背筋はピンと伸び、呼吸も楽になったようだった」

ピアノを弾きたいという思いによって、精神状態が百八十度変化し、肉体も同じように変化して、その機能を取り戻した。カザルスは、バッハの平均率クラヴィーアを感受性豊かに弾きこなし、続いてブラームスのコンチェルトを弾き始めた。その指は鍵盤の上を舞っているようだった。

「彼の身体は音楽と一体化していた。もはや縮こまって、こわばった肉体は消え失せ、関節炎の痛みから完全に解放された柔軟で優雅な肉体がそこにあった」

ピアノを弾いた後の彼は、弾く前とはまったく別人のようだった。まっすぐに立ち、背すじも伸びて、足を引きずることもなくなっていた。歩いてテーブルにつくと、心ゆくまで朝食を味わい、海岸の散歩に出かけた。

〝脳の司令官〟に思う存分仕事をさせる法

普通、信念というと宗教上の信条や主義主張といったことを思い浮かべるものだが、その根元的な意味はと言えば、人生に意味を与え、方向づけをしてくれる原則、格言、信仰、情熱な

どである。私たちは、日々外界からさまざまな刺激を受けるが、信念は私たちが世界を認識する際のフィルターの役割を果たすもので、事前に定められ、系統立てられている。

つまり、信念は、脳の司令官である。

カザルスは音楽と芸術を信じていた。彼の人生に美しさと秩序を与えていたのも、毎日のように奇跡を繰り返していたのも、音楽と芸術のおかげだった。芸術の持つ並はずれた力を信じていたからこそ、つまり音楽への信念があったればこそ、彼は疲れ果てた老人から、活気溢れる天才に変身できた。

もっとも深遠な意味において、信念が彼を生かしていたのだ。

イギリスの哲学者で経済学者のジョン・スチュワート・ミルは、「たった一人の信念を持った人間は、利害関係しかない九十九人の人間に匹敵する」と書いた。

つまり、**信念こそが成功への道を開くのである。**効果的に利用すれば、信念はすばらしい人生を送るための強力な力となってくれる。

人間の歴史とは「信念の歴史」に他ならない

羅針盤や地図のように、ゴールに向かって私たちを導き、ゴールに必ず到達できるという確

信を与えてくれるのが信念である。信念の力を活用できなければ、力を発揮するなど無理な話で、エンジンも舵もないモーターボートに乗り込むようなものだ。

信念の導きによって、あなたは行動し、新しい世界を築き上げる力を得られる。信念があって初めて、自分が何を望んでいるかがわかり、その実現に向かって進むエネルギーが生まれるのだ。

実際、信念以上に人を力強く導いてくれるものはない。極端なことを言えば、**人間の歴史は信念の歴史だ。**キリスト、マホメット、コペルニクス、コロンブス、エジソン、アインシュタイン――彼らは信念の力で歴史を変えた。

行動を変えるには、信念を変えるしかない。成功を自分のものにするには、成功した人の信念を自分のものにするのだ。

人間の行動について知れば知るほど、信念が人生にいかに大きな影響を与えているかがわかる。論理的に導き出されたものが、信念の力によって覆されることはよくある。

生理学的に見ても、信念（一貫した内面的イメージ）が現実を支配することがあるのは否めない事実だ。

統合失調症についての特筆すべき研究がある。ある女性の症例だが、普段は血糖値もごく普通なのに、妄想状態では、自分が糖尿病だと思い込んだ瞬間に、生理学的に見て糖尿病としか

思えない状態になったという。

また、催眠状態になっている人に、これは熱した金属だと言って氷の固まりを肌に当てると、そこに火ぶくれができるという。

また、プラシーボ効果は、実際にある。この薬には効能があると説明を受けた人は、実際には薬効などない偽薬を飲んでも、説明どおりの効果を感じるという。自らも信念の力によって病気を克服したノーマン・カズンズは、こう言っている。

「薬がいつも効くとは限らないが、信念がなければ回復することはない」

出血性潰瘍の患者を対象に行なわれた実験がある。

患者を二つのグループに分け、一方のグループには、「新しく開発された劇的に効果のある薬」を、もう一方のグループには、「まだ実験段階で効果は定かではない薬」を飲んでもらうと説明する。

すると、最初のグループでは七〇%の患者で潰瘍が良くなったが、第二のグループではわずか二五%にしか改善が見られなかった。どちらのグループも薬効のない偽薬を飲まされたのにである。

さらに驚きなのは、これは身体にいいと言って、何らかの有害物質を薬として飲まされた人に、まったく症状が現われないという研究結果が多数あることだ。

「脳に貯蔵すべき言葉」にまで意識を払う

いずれの場合も、結果を大きく左右したのは「何を信じていたか」である。一貫性のあるメッセージを脳と神経系に送り続けることで、メッセージは信念に変わる。突きつめれば、信念は一つの精神状態、行動を支配する内面的イメージである。信じる内容いかんで力を得ることも失うこともある。

成功できるはずがないという信念を持てば、限界ばかりが目につき、圧倒的な壁となって目の前に立ちはだかるだろう。失敗というメッセージを送り続ければ、当然ながら失敗することになる。

自分が成功すると言おうが、失敗すると言おうが、どちらも正しい。一番大切なことは、どういう信念を持つか、どのように信念を育てるかである。

信念とは自分で選び取るものだ。そこに気づけば、あなたはよりすばらしい人生を手にできる。自分に限界を設けるような信念を選ぶか、自分を後押ししてくれる信念を選ぶかは、自分次第だ。

要は、成功や期待どおりの結果に直結する信念を選択し、行く手を阻みかねない信念は捨て

去ることだ。

自分の真の能力が発揮できるか否かは信念にかかっている。アイデアが次々と流れ出てくるか、その流れが断ち切られるかも信念次第である。

たとえば、誰かに「塩を持ってきてください」と言われたとする。あなたは隣の部屋へ塩を探しに行く。「でも塩がどこにあるかわかりません」と言いながら、しばらく探すが、やはり見つからない。

相手がやってきてあなたの目の前にある棚から塩を取ると、「馬鹿だな。目の前にあるじゃないか。もしこれがヘビだったら、噛まれているところだ」と言う。

「〜できません」と口に出した瞬間、あなたの脳は塩を見るなという指令を出す。心理学では、これをスコトーマ（視覚神経系の異常により視野の一部を失うこと）という。

人が経験したこと——これまでに言ったこと、見たこと、聞いたこと、感じたこと、味わったことは、すべて脳の中に貯蔵されている。それほど、どんな信念を持ち、どんな言葉を話すかは大切だということだ。

「できると思うからできるのだ」

ウェルギリウス（紀元前一世紀頃のローマの詩人）

「勝ち続ける頭と心」を育てる「五つの要素」

何度も言うようだが、信念とは何なのか。**信念とは、常に同じ内容のメッセージを自分自身に届けるためのフィルターである。**そこで、まずは信念がどこから生まれるのかを明らかにしていこう。

1 環境――「誰の目にも明らかな才能」よりはるかに大切なもの

最初は環境だ。成功が成功を生み、失敗が失敗を生むサイクルがもっとも過酷な形で現われるのは環境である。ゲットーでの生活が恐ろしいのは、来る日も来る日も、欲求不満と貧困に苦しめられるからではない。それなら克服できる。本当の悪夢は、そうした劣悪な環境が信念と夢に悪影響を及ぼすことだ。

失敗や絶望ばかりを目にしていると、成功を生み出す内面的なイメージをつくれない。富と成功に囲まれて成長した人なら、容易に富と成長のモデルを見つけ、手本にできる。貧困と絶望に囲まれて成長した人は、それなりのモデルを見つけることになるだろう。

アルバート・アインシュタインは、こう言っている。

「自分を取り巻く社会環境に根ざす価値観・先入観と異なる意見を平然と口にできる人は多くない。たいていの人は、そのような意見を持つことすらできないものだ」

「モデリング」の上級コースでは、大都会のスラム街に住んでいるような人を題材に取り上げる。

適当な人にセッションに参加してもらい、参加者はその人の信念体系と人生戦略を組み立ててみるのだ。おいしい食事となごやかな雰囲気の中で、その人に「今の自分についてどう思うか、なぜそうなったのか」というような質問をぶつける。

次に、その人と同じような境遇にあったにもかかわらず、人生を大きく転換させた人の場合とを比較する。

最近のセッションには、二十八歳の屈強で、見るからに頭も良く、健康で、容姿もいい男性が参加してくれた。彼は、なぜ不幸せで、都会でフラフラ生きているのだろうか。

この男性の周りには逆境を克服し、人生を楽しく生きようとする手本になる人がいなかった。母親は娼婦で、父親は殺人罪か何かで投獄されていた。八歳の時、父親にヘロインを打たれた。そういう環境に育ったため、生き抜くだけで精一杯だったのだ。

スラムで生きていくには、盗みは当たり前であり、痛みやつらさを和らげてくれるものは麻

薬しかない。人からつけ込まれないように常に神経をつかい、誰からも愛されることがない。

しかし、私たちは、そういう環境で育ったこの男性の信念やものの考え方をＮＬＰの理論を応用することで変えることができた。その結果、どうなったか。彼は二度とスラム街に戻ることはなかった。その日以来、麻薬もやめ、仕事を見つけた。新しい友だちとつき合い、新しい環境で、新しい信念を持ち、新しい結果を出している。

シカゴ大学のベンジャミン・ブルーム教授は、人並はずれて優秀な若いスポーツマン、音楽家、学生百人を選んで、調査を行なった。その結果、天才と言われる人たちの多くは、最初から目立った才能の片鱗を見せていたわけではないことがわかった。

才能の有無よりも、細かい気配りや指導、手助けなどがあって、初めて力を発揮できるというのだ。**「誰の目にも明らかな才能」よりも、「自分は人とは違った特別な人間になれる」という信念を持つことのほうが重要**なのである。

環境は信念を育て上げる最大の要因とも言えるが、環境がすべてではない。もし環境が唯一の要因であれば、金持ちの子どもは金持ちしか知らず、貧乏人の子どもは貧乏なまま、一生を終えるだろう。ところがありがたいことに、この世には環境以外にも「信念のゆりかご」になってくれるものがある。

2　経験・出来事――自分の〝世界観〟を百八十度変える

大小さまざまな出来事や経験が信念を育む。誰にでも生涯忘れられない出来事があるだろう。強烈で、一生脳に焼きついてしまうような経験によって、人生を百八十度変えてしまうかもしれない信念が形成される。

十三歳の時、私は大きくなったらスポーツライターかスポーツキャスターになりたいと思っていた。ある日新聞で、有名なニュースキャスターのハワード・コセルが近所のデパートで新刊書のサイン会を開くという記事を目にした。

もしスポーツキャスターになるつもりなら、まずプロの話を聞いておくべきだと私は思った。それなら第一人者の話を聞くのが一番だ。私は学校を早退し、借りたテープレコーダーを持って、母に車でデパートまで送ってもらった。

私が到着したのは、コセル氏がサイン会を終えて帰ろうとしている時だった。私は焦った。私以外にも、コセル氏に最後のコメントをもらおうと、新聞記者が群がっていた。私はなんとかして新聞記者の腕の下をかいくぐって彼に近づくと、電光石火で自己紹介をして、簡単なインタビューをお願いした。十人以上いた記者たちを尻目に、ハワード・コセルは私とのインタ

ビューに応じてくれた。

この経験によって、私の中で〝可能性〟という概念が変わった。それだけではない。会いたいと思えば誰にでも会えるような気もした。そして自分が望んでいることを素直に相手に伝えると、意外に大きな成果が得られることもわかった。

コセル氏の励ましもあって、私は新聞に記事を書くようになり、コミュニケーションの分野でキャリアを積むことができた。

3 知識——〝上を目指す気持ち〟を鼓舞する

信念を持つための三つ目の手段は知識である。経験や体験も、知識の一形態であるが、それ以外にも、読書、映画、他人のアドバイスや意見からも知識は得られる。知識は、何かと窮屈な環境を打ち破るには良い手段だ。

自分が置かれた状況の見通しは暗くても、他人の成功譚《たん》を開けば、自分にもできるという信念が湧いてくる。

4　成功体験――一度成功すれば「次もできる！」と自信が湧く

四つ目の手段は、過去に自分が成し遂げた成果をよりどころとするものだ。自分は何かをやり遂げられるという信念を持つには、一度やってみるに越したことはない。一度成功した経験があれば、さらに成功を積み重ねていくことは簡単だ。

私は、締め切りに間に合わせるために、一カ月以内にこの本の初稿を書き上げる必要があったが、書き上げられる自信はなかった。しかし一章を一日で書き終えることができた時、できるという自信が湧いてきた。一度成功すれば、次もまた成功できると信じられる。こうして私はこの本を締め切りまでに書き上げられるという信念を持てた。

ジャーナリストも締め切りまでに原稿を書き上げるのに、同じような経験をする。来る日も来る日も締め切りに追われながら、一時間以内に一つの記事を完全な形に仕上げることほどプレッシャーのかかる手強い仕事は他にはあまりない。駆け出しの新聞記者はたいてい怖じ気づく。しかし一度か、二度、原稿を書きこなすと、その後もどうにかやっていけそうだと思えるようになる。

年をとれば自動的に頭の回転が速くなったり、効率よく仕事ができるようになるとは限らな

いが、一度「自分はできる」という信念を持てば、与えられた時間内に記事を書き上げられるようになる。コメディアンであれ、ビジネスマンであれ、どのような人生を歩んでいる人であれ、同じことだ。

「自分にはできる」と信じれば、それは自己達成的予言になるのだ。

5 イメージ――〝望ましい未来〟を繰り返し植えつける

そして五番目の手段は、理想とする未来を、今、目の前にあるかのようにイメージして、信念を確実なものにすることだ。過去の経験が自分の内面的イメージを変え、なおかつ信じていることが実現するのなら、想像することにも同じ効果があるはずだ。いわば事前の結果体験である。

思ったような結果が得られず、やる気も起きないような場合に、自分の理想を想像し、その中に身を置くことで、自分の精神状態や信念、行動は変えられる。もしあなたがセールスマンなら、一万ドル売り上げるのと、十万ドル売り上げるのとどちらが簡単だろうか。答えは十万ドルだ。

そのわけはこうだ。一万ドルの売上目標を立てたとしても、それでは経費を賄《まかな》うのがやっと

だ。それがあなたの目指す目標で、一生懸命働いている理由はそれだと自分に言い聞かせたとする。それであなたの仕事は楽しく、力を最大限に発揮できるようになるだろうか。

「さあさあ、目障りな請求書の支払いを済ませるために、頑張って働かなくちゃ」

中にはそういう人もいるかもしれないが、私はとてもそれではやる気が起きない。

単に生計を立てるために仕事をするよりも、やりがいを感じながら仕事をするほうが、持てる力を十二分に発揮できる。

もちろん、お金だけがやる気につながるわけではない。目標は何であれ、**どういう結果を得たいかを具体的に思い描き、あたかもそれが実現したかのようにイメージすれば、きっと望みどおりの結果を手にできるだろう。**

〝風に吹き飛ばされる木の葉〟のような生き方はするな

以上はいずれも目標達成に向けて、信念を総動員させる方法である。あなたはこれまで無意識のうちに信念をつくり上げてきただろう。しかし、人間は風に吹き飛ばされる木の葉ではない。自分の思いどおりに生き、変わることもできる。

本書のキーワードは「変化」だ。

最初に基本的な質問をする。自分は何者で、何ができるかということについて、あなたはどのような信念を持っているのか。

ここで、これまで自分の行動を制限してきた信念を五つ書き出してほしい。次に、「最高の成果」を手にするために役立ちそうな前向きな信念を五つ書き出す。

ここで理解してほしいのは、髪の長さや音楽の好み、人間関係と同じように、信念も変わっていくということだ。今はホンダの車に乗っているけれども、クライスラーか、キャデラックか、メルセデスのほうがいいと思うようになることもある。それこそ変化である。

脳には〝プラスのシグナル〟だけ伝達する

もし成功したいのなら、成功者の信念をモデルにすることだ。読解力と思考力と聴力さえあれば、世界中の成功者の信念を模倣できる。

アメリカの石油王J・ポール・ゲティは、もっとも偉大な成功を収めている人々について研究し、彼らを手本にした。手本にしたい人がたとえ身近にいなくても、伝記を読めば偉大なリーダーについて学べる。

今の信念に影響を与えてきたのは誰か。どこにでもいるごく平均的な人か、テレビやラジオ

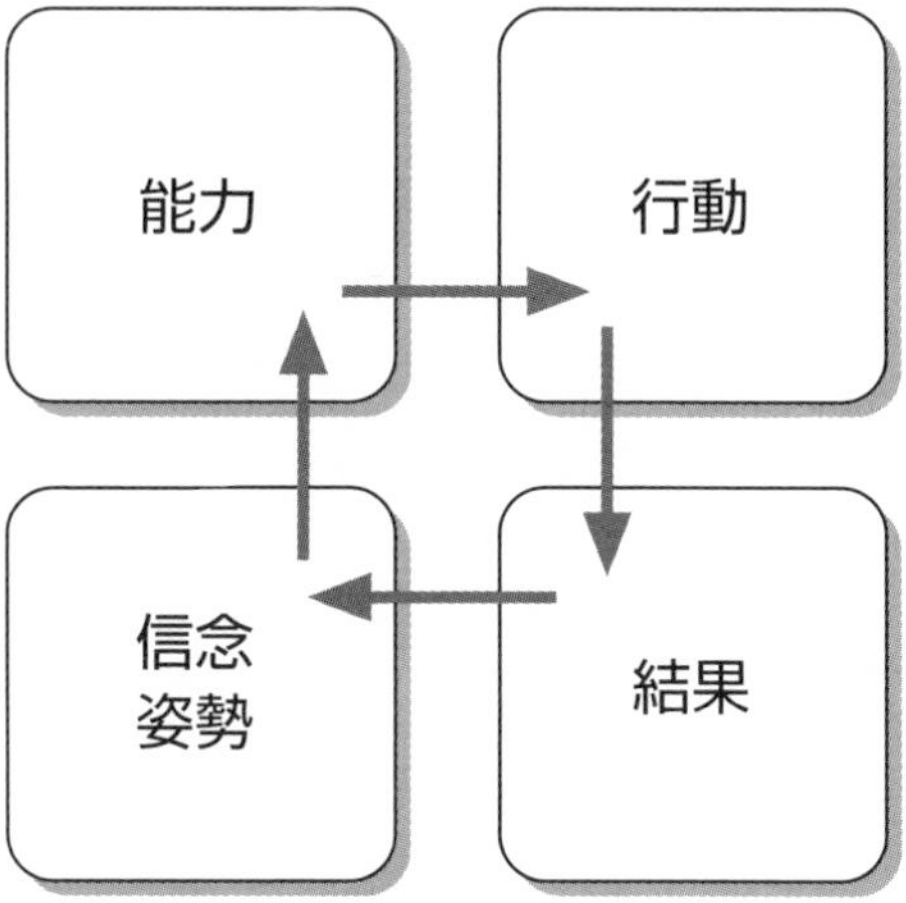

能力が発揮されるプロセス

か。はたまた、自説をダラダラと大声でまくしたてる人か。もし本当に成功したいのなら、どんな信念を持つか、慎重に選ぶべきだろう。ハエ取り紙のように、飛んできたものを手当たり次第に自分の信念にするのはいただけない。

能力を発揮するのも、それなりの結果を出すのも、信念があってこそだと肝に銘じてほしい。そのプロセスを次のような図に示してみた。

たとえば、信念はあるのに力を発揮できず、自分は落第生だ、失敗すると考えていたら、その人の能力が発揮される可能性はまずないと言っていい。

何もしないうちから自分の脳に「失敗しそうだ」というシグナルを送り出しているからだ。最初から成功を期待していなかったら、積極的な行動をとれるはずがない。自信もなければ、

やる気もなく、一貫性も積極性もない。それでは才能を十分に発揮できるはずがないではないか。失敗が目に見えているのに、努力する気になどなれない。

このように、「自分にはできない」と考えた瞬間に、能力を一〇〇％発揮できず、何をやるにしても「心ここにあらず」というありさまになるはずだ。その結果、いつもパッとしない成果しか出せない自分に甘んじるというわけだ。

そして、成果がパッとしなければ、次も頑張ろうという気持ちにはなれない。こうして、どんどん消極的信念の悪循環に陥っていく。

これこそ、失敗が失敗を生む悪循環の典型だ。何をやってもうまくいかない状態が何年も続くと、どうせ自分は何をやってもだめだと思い込むものだ。

才能を発揮しようとすることも怠り、いい加減な態度で生きていく。当然、みじめな結果しか残すことができず、ますます自信が打ち砕かれていく。もっとも、打ち砕かれる自信がまだ残っていればの話だが。

「穏やかな環境では、質の良い材木は育たない。風が強ければ強いほど、材木は強くなる」

J・ウィラード・マリオット（アメリカの実業家。マリオットホテルチェーンの基礎を築いた）

これだけで〝すべてがトントン拍子〟に進んでいく

別の角度から考えてみよう。たとえば、あなたは期待に胸をふくらませている。いや、それは期待というより、「自分は確実に成功する」という確信に近い。

このように自分の可能性に向かって期待をふくらませていれば、持てる能力を存分に発揮できる。

もちろん、いやいや会社に行き、上の空で仕事をすることもなくなる。いつもわくわくした気持ちで、やる気満々。成功への期待に胸躍らせながら、すべてがトントン拍子に進んでいくことだろう。「結果」も自ずとついてくるはずだ。将来の見通しも明るいだろう。

まさに悪循環とは正反対である。成功が成功を生み、一段階上の成功を収めるための勢いと信念が生まれるのだ。

才能に恵まれた人でも、失敗する時はある。前向きな信念を持っていても、うまくいかない時もある。もしも、いつでも必ず成功を手にできる万能の秘策を教えてやろうと言われたら、財布の紐をしっかり締め、後ろも見ずに逃げ出すのが一番だ。

歴史を見ればわかることだが、**確固たる信念を持った人なら、自分の能力を駆使して、繰り**

返し挑戦し、最後には必ず成功する。エイブラハム・リンカーンは大きな選挙で何度か落選したが、いつかは当選できると信じて頑張った。失敗にめげることなく、力を伸ばしていった。

自分に限界を設けないだけでも、結果は大きく違ってくる。

数学の授業中に居眠りしてしまった学生がいた。終業のベルで目を覚まし、とりあえず黒板に書いてあった問題を二問だけノートに書き写した。それが宿題だと思ったのだ。家に帰って一晩中その問題に取り組んだ。

二問とも解くことはできなかったが、その週はその問題にかかりきりになった。とうとう一問だけ解くことができたので、提出した。

教師は度肝を抜かれた。それは、これまで「解くことが不可能」と考えられていた問題だったのだ。もし学生がそのことを知っていたなら、おそらく解けなかっただろう。しかし、彼はそんなことは知らなかった。むしろ解かなければならない、答えが出るはずだと思っていたのだ。

私がセミナー受講者に火の上を歩かせるのも、彼らに「不可能の壁」を打ち破ってほしいからだ。火の上を歩けるかどうかが問題なのではなく、不可能の壁にチャレンジすることが大切なのだ。

「できない」が「できる」に変わった時、人は信念について考え直す。

何が真実かは、一人ひとりがつくり出していくものだ。

前向きの信念や内面的イメージを持っているとすれば、それはその人がつくり出したものだ。消極的な信念を持っているなら、それもその人がつくり出したものだ。

輝かしい成功に直結する信念はいくらでもあるが、その中からとくに重要と思われるものを次章で紹介しよう。

4

「成功者のメンタリティ」七つの法則

私たちが生きている世界は、意識していようがいまいが、自分自身が好んで生きている世界である。喜びに満ちた生き方を選べばそうなるし、悲惨な生き方を選べば、やはりそうなる。前章で述べたように、**信念こそが成功のゆりかご**である。

そこで、すばらしい成功を目指す第一歩として、まずは望みどおりの結果が手に入る信念を見つけたい。

成功への道のりは、まず目標を定めることから始まる。そして、行動を起こし、その結果を評価し、柔軟に自分を変え、ついには成功をつかみ取る。信念を見つけるのも、それと同じである。まず、今の自分の信念は使いものにならないと思えば、すぐにでも新しい信念を試してみる必要がある。

効果は〝実証ずみ〟の「奇跡を起こす七つの信念」

これから紹介する七つの信念は、私が手本にしてきた成功者たちの信念でもある。各人が自分にとって有益なものかどうかを判断してほしい。自分を向上させるには、すばらしい成功を収めてきた人の信念体系をまず手本とするべきである。この七つの信念を心に抱いて行動し、能力を発揮し、めざましい成果を上げた人はたくさんいる。

ただし、この七つの信念は成功への第一歩にすぎない。しかし恩恵を受けた人は大勢いるのだから、きっと皆さんにとっても役に立つだろう。

1 いつも「可能性」に気持ちをフォーカスする

成功している人、人並はずれた成果を出せる人は、常に「今できること」に集中し、「良い結果」を引き出す力が図抜けている。周囲からどんなに否定的な話ばかり聞かされようと、常に可能性を見出そうとする。

どんな困難も、必ずプラスに転じることができると信じている。

たとえば、契約が成立しそうだった取引が白紙に戻されたとしよう。がっかりして、悔しい思いをし、落ち込んで家に閉じこもるか、飲みに出かけるかもしれない。怒り出す人もいる。契約をさらっていったライバル会社を毒づいたり、自分のスタッフの無能ぶりをあげつらったりする。

これで少しは気がすむというものだが、決して何かの足しになるわけでもなく、目標に一センチも近づくことはできない。一方、成功する人は、なぜ契約がフイになったのかと振り返り、その厳しい現実を受けとめ、次の可能性に目を向けているだろう。

◎「禍を転じて福」となした車椅子の女社長

可能性についての興味深い例がある。マリリン・ハミルトンは美人コンテストでの優勝経験もある教師だったが、今ではれっきとしたビジネスウーマンだ。彼女もまた大事故から生還した一人だ。二十九歳の時、ハンググライダーの事故で岸壁から転落して、下半身が麻痺し、車椅子生活を送っている。

たいていの人は、こんな目に遭った時、絶望にうちひしがれ、過去を懐かしがるだろう。しかし、彼女は自分に残された可能性に注目した。悲劇に打ち負かされず、逆境からチャンスを見つけたのだ。それは新しい車椅子をつくるというビジネスだった。

彼女は、車椅子のあまりの窮屈さと不自由さに驚いたという。健常者には車椅子の使い勝手などわからないが、彼女にはわかる。しかも、友人二人がハンググライダーをつくっていて、使いやすい車椅子を設計する条件にも恵まれていた。こうして、彼女は改良型車椅子の見本をつくり上げた。

三人はモーションデザインズ社を設立し、大きな利益を上げ、車椅子業界に革命をもたらした。カリフォルニア州の「スモールビジネス・オブ・ザ・イヤー」にも選ばれている。現在では八十人の社員を抱え、八百以上の販売店と取引がある。

まさか、マリリン・ハミルトンが自分の信念について腰を落ち着けて考えたとは思わないが、「やれば、できる」という積極性と前向きな姿勢を兼ねそなえていた。彼女のような心構えがあってこそ、偉業は成し遂げられる。

ここでもう一度、自分の信念について考えてみてほしい。自分は何をやってもうまくいくと思っているか、反対にうまくいかないと思っているか。一生懸命に努力すれば報われると思っているか、どんなに頑張ってもどうせ失敗すると思っているだろうか。何事にも可能性を見出そうとするか、それとも障害物の前で立ちつくしてしまうだろうか。

たいていの人は、マイナス面に目を奪われがちだ。まず、人間にはそういう傾向があると認識することだ。信念そのものに限界があれば、より大きな可能性に向かって自分を解き放つことなどできない。そして、真の指導者とは、砂漠に庭園をつくることは可能、と信じられる人だ。そんなことは不可能だと言うなら、イスラエルを見てみるがいい。

可能性があると心の底から信じれば、実現する可能性は高い。

2 「失敗」はない、あるのは「結果」のみ

これは一番目の信念から引き出される「当然の結果」である。

多くの人が「失敗＝恐怖」と刷り込まれている。テストに落ちたり、片思いに身を焦がした挙げ句にふられたり、綿密に立てた事業計画が頓挫《とんざ》したりという経験は誰にでもある。
しかし、私はこの本の中で、そうした経験に「失敗」ではなく「結果」とか、「成果」という言葉を使うようにしている。成功者はそういうものの見方が身についているからだ。

成功者はどんな結果が出ても、「失敗した」とは思わない。そもそも、失敗という概念が存在することを認めていない。

何かをすれば、必ず何らかの結果が得られる。人並はずれた成功を収めている人でも失敗しないわけではない。ただ、自分の思ったとおりの結果が得られなくても、そこから学ぶべきものがあることを知っている。そこで学んだことを生かして、また別のことを試してみようとする。新たな行動を起こし、新たな結果を生み出していくのだ。

考えてみると、昨日に比べれば今日のほうが、経験はより豊かになっているはずである。失敗を恐れていると、うまくいかないことばかりを思い浮かべてしまう。そのために、行動を起こすことをためらってしまう。

あなたは失敗を恐れているだろうか。「失敗から学ぶ」心構えがあるだろうか。
マーク・トウェインは、「若い悲観主義者ほど見ていて嘆かわしいものはない」と言ったが、まったくそのとおりだ。失敗を信じる人は、ほぼ間違いなく平凡以下の人生を送るだろう。偉

大な人物（予備軍も含む）は失敗を失敗と思わず、いつまでもくよくよ悩まない。ものごとがうまくいかなくても消極的になることはない。

ここである男の一生を見てみよう。この男は、

二十一歳で事業に失敗する。
二十二歳で選挙に落選する。
二十四歳でまたもや事業に失敗する。
二十六歳で恋人の死の悲しみを乗り越える。
二十七歳でノイローゼになる。
三十四歳で下院議員選挙に落選する。
三十六歳で下院議員選挙に落選する。
四十五歳で上院議員選挙に落選する。
四十七歳で副大統領になりそこなう。
四十九歳で上院議員選挙に落選する。
五十二歳でアメリカ合衆国大統領に就任する。

この男とは、エイブラハム・リンカーンである。もし彼がいくつもの不幸な出来事を失敗と考えたなら、大統領になることはなかっただろう。

トーマス・エジソンについても有名な話がある。完璧な電球をつくろうとして、九千九百九十九回実験を繰り返したがうまくいかなかった。ある人が「一万回も失敗すればたくさんだろう」と言うと、エジソンはこう答えた。

「失敗だって。僕はうまくいかない方法を一万通り発見したところさ」

彼は、やり方を変えれば、違う結果が出ることに気づいていたのだ。

「疑いは裏切り者だ。やってみることに恐れを抱かせ、手に入るかもしれないものまで失わせてしまう」

シェークスピア

人間力のある人、つまり勝者、指導者、達人と言われる人は、思ったとおりの結果が得られない時に失敗したとは思わず、経験を糧にして次の手を考える。経験から得た情報に基づいてより良い判断をして、目標に向かって前進していく。

かつてバックミンスター・フラー（アメリカの建築家、数学者、思想家。『宇宙船地球号』の著者）

は、「何ごとも挑戦と失敗の繰り返しがあってこそ身につくものだ。人間はあやまちからしか学ぶことができない」と書いた。

人間は自分のあやまちからだけではなく、他人の犯したあやまちからも何かを学ぶものだ。これまでに経験したいわゆる「失敗」を五つ思い出してみよう。そこから何かを学び取ったことがあるはずだ。そうして得た教訓は何物にも代え難い財産なのだ。

フラーはそれを船の舵にたとえている。舵をどちらか一方に傾けると、船はグルグルと回り出し、前進することができない。船を正しい方向に進めるには、常に調整と修正を繰り返さなければならない。静かな海にゆっくりと船を進める操舵手は、絶えず舵を動かし、船が航路から外れないようにしている。

この美しいイメージは、そのまま人生にも当てはまる。**しかし、ほとんどの人はたった一度の手違いや勘違いを失敗だと思い込んでしまう。**

たとえば、なかなかやせられなくて、自分はだめな人間だと思っている人は多い。しかし、そんなことを言っていても肥満が解消されるわけではない。むしろ、こんなにうまく体重を増やせたのだから、今度はうまく体重を減らそうと考えるほうがいい。

では、どうすればいいのか。その答えを知るためには、減量に成功した人の行動や考え方を手本にすればいい。

「体重が増えたのは失敗だ」と思っているかぎり、何も変わらない。しかし、太ったのは何かの「結果」であり、修正可能だと思った瞬間に、ダイエットの成功は約束される。

失敗を信じると、その毒は心をも冒してしまう。否定的な感情は、人間の生理機能や考え方、精神状態にも影響を与える。中でも、失敗するかもしれないという恐怖心ほど足かせになるものはない。

『いかにして自分の夢を実現するか』（三笠書房刊）の著者ロバート・シュラー博士は、こういう質問を投げかけている。

「絶対に失敗しないとわかっていたら、あなたは何をしますか」

この質問に、あなたならどう答えるだろうか。本当に失敗しない自信があれば、自分の夢を実現するための行動に移し、望みどおりのすばらしい結果を実現させるだろう。そのほうが、好都合ではないだろうか。人はそうやって成長していくものだ。

だからこそ、**この世に失敗はない**ことを理解してほしい。**あるのは結果だけだ。**

行動には必ず結果が伴う。万一、自分が望んでいた結果を得られなかったとしても、方法を変えて、また別の結果を出せばいいだけのことだ。

「失敗」という言葉は封印して、「結果」という言葉だけに目を向け、結果から学ぶことを心がけよう。

3 どんな結果にも潔く「責任」をとる

偉大な指導者や偉業を成し遂げた人に共通するのは、潔く責任をとる姿勢だ。彼らは、「責任は私にある。私が引き受けよう」という言葉をよく口にする。

それは決して偶然ではない。目標を達成できる人は、「結果」について、あれこれ言い訳しない。

逆に、もしあなたが「こんな結果になったのは、自分の責任ではない」といった言い訳が口グセになっていたら、自分の人生を誰かに預けてしまっているのも同然だ。あなたは何の見どころもない「でくのぼう」にすぎないだろう。

私だったらそのような姿勢には別れを告げて、他の国か、他の星に行くだろう。外部の力に翻弄されるだけの人間にはなりたくない。

思うに、「責任をとれる」かどうかは、その人の能力と成熟度を示す尺度である。「責任をとる」姿勢があれば、最後には必ず「思ったとおりの結果」が手に入る。「人生の主導権」を握れば、遠からず成功を手にできる日がくるだろう。

ジョン・F・ケネディは、まさに信念を体現する人物だった。『60ミニッツ』のアンカーマ

ンだったダン・ラザーによれば、ケネディが真のリーダーになったのはピッグス湾事件（亡命キューバ人を訓練してカストロ政権を転覆させようとした計画）の時だった。その時ケネディは国民に対して、ピッグス湾事件は卑劣な行為であり、二度と繰り返してはならないと明言し、その後、すべての責任をとった。

こうして彼は有能な若手政治家から真のリーダーへと変貌を遂げたのである。ケネディの行動は、偉大な指導者にふさわしいものだった。**責任をとる者は力を持つが、責任を逃れようとする者は力を失うのだ。**

4 〝細かいこと〟より「本質」をつかむ

成功者は、細かいことにこだわって身動きがとれなくなることがない。重要なポストにいる人を見ればわかることだが、彼らはいろいろと役に立つ情報を持ってはいるが、自分の仕事の一部始終を知り尽くしているとは限らないのである。

人間は時間をつくり出すことはできないが、時間を有効に使うことはできる。何かを成し遂げる人は、決して時間の無駄遣いをしないものだ。自分の置かれた状況の本質をとらえ、無駄な時間を使わない。

電気はどうしてつくのか、正しく説明できる人はほとんどいないだろう。それでも、スイッチ一つで電気はつく。まさか、ロウソクの灯りでこの本を読んでいる人はいないはずだ。

成功できる人は、理解しておくべきことと、そうでないこととをはっきりと区別している。情報や知識を一番多く持っている人が成功を手にできるとは限らない。

一流大学に行けば、アップル・コンピュータ社を設立したスティーブ・ジョブズよりコンピュータに詳しい人間はいくらでもいるが、持てるものを効果的に使うことに長けた人だけが結果を出せるのだ。

5 「人材」こそが最大の資源

際立った結果を出せるのは、ほぼ例外なく**他人に対して敬意と感謝の気持ちを示せる人だ。**彼らは、自分も共通の目的を持ったチームの一員であるという連帯感を持っている。

日本の工場では、労働者と管理職が同じ食堂で食事をし、人事考課には双方が意見を出し合う。彼らの成功ぶりを見れば、人を小手先で操ろうとするよりも、人間として尊重することのほうがいかに大切かは一目瞭然である。

『エクセレント・カンパニー』の著者、トム・ピーターズとロバート・ウォーターマンは、優

良企業のエッセンスを抽出してみせたが、その中の一つに「人間に対する熱い関心」がある。

「優良企業では、個人を尊重する文化がある」と、彼らは述べている。

成功している企業は、社員を道具ではなく、パートナーと考え、敬意と尊厳を持って接している。たとえば、インタビューを受けたヒューレット・パッカード社の重役二十人のうち十八人は、会社の成功は「人」が支えていると答えている。

ヒューレット・パッカード社は、一般消費者を相手にする小売店でもなければ、営業権によるサービスを展開しているわけでもなく、複雑を極めた最新テクノロジーの最先端を行く企業である。しかし、そのような技術中心の企業であっても、人を有効活用することは重要な課題だと考えられているのだ。

ここで掲げた他の信念と同様、「言うは易く行なうは難し」である。家庭であれ、職場であれ、口先だけで「人を尊重する」と言うのはたやすいことだ。しかし実行するとなると、そうはいかない。

成功する人は、共に目的地を目指す人に、「どうしたらもっとうまくやれるだろう」「どうやって直せばいいだろう」「もっと良い結果を出すにはどうしたらいいだろう」と問いかけ、効率よく答えを引き出す。どんなに優秀な人間でも、才能豊かな人材を集めた有能なチームに太刀打ちできないことを成功者はよく知っているのだ。

6 仕事は「楽しんで」やる

皆さんの周りに、自分が忌み嫌っていることを仕事にして、大成功している人はいるだろうか。私はそんな人を見たことがない。まず「仕事」と「好きなこと」とをうまく合体させることが成功へのカギである。

かのピカソはこう言っている。

「仕事をしているとリラックスできるが、何もしていない時や客をもてなしている時はくたびれる」

ピカソのように絵を描いて生計を立てるのは無理でも、**やる気の出る仕事を見つける努力は惜しまないことだ。**そうすれば、遊びのように楽しみながら仕事ができるようになる。「成功の秘訣は、遊びを仕事にしてしまうことだ」と言ったのはマーク・トウェインだが、それこそが成功した人のやり方なのだ。

ワーカホリック（仕事中毒）という言葉があるが、たしかに仕事に執着するあまり健康を害してしまう人もいる。そういう人は仕事をすることに喜びを感じていないにもかかわらず、仕事以外には目が向かない状態に追い込まれているのだ。

ワーカホリックについては、驚くべき研究結果がある。中には本当に仕事が好きで、我を忘れて仕事に没頭できる人もいるようだ。

仕事となるとやる気が起き、わくわくするだけでなく、生活に張り合いが出る。そういう人は仕事を遊びのようなものだと思っているので、仕事をしているとホッとするだけでなく、新しいことを学び、新境地を開拓できると思っているのだ。

もちろん、仕事の内容によっては、遊び感覚で取り組めないこともあるが、楽しみながらできる仕事を目指す努力は必要だ。

たとえば、創意工夫しながら仕事に取り組んでいれば、もっと良い仕事に就ける可能性も出てくる。仕事なんか退屈なだけで、給料さえもらえればいいと思っているかぎりは、現状を打破することはむずかしい。

発展性のまったくない仕事などない。可能性をつみ取ってしまうのは人間であって、責任をとりたくない人や失敗すると思い込んでいる人のほうがもっと問題だ。みんながワーカホリックになればいいとか、仕事中心の生活が望ましいというわけではない。

私はただ、**遊ぶ時と変わらない好奇心と元気を発揮できれば、自分の世界も仕事もより豊かなものになる**と言いたいだけなのだ。

7 「努力の差」こそ「結果の差」である

骨身を惜しまぬ努力が力を発揮する――これは成功者の常識だ。たゆまぬ努力なくして、大成功はない。どんな分野を見ても、成功しているのは、決して成績優秀者でも、俊足の人でも、力自慢の人でもなく、人一倍努力をした人だ。

ロシアの名バレリーナ、アンナ・パブロワはこう言っている。

「立ち止まることなく一つの目的を追い求めることが、成功するための秘密です」

この言葉は、私が考えた究極の成功方程式に通じる。

つまり、まず目指すべき成果を明確にし、成功例を手本にし、行動を起こし、その結果を正確に予測する感覚を身につけ、思ったとおりの結果を手にするまで磨きをかけるのだ。

ずば抜けた才能がなければ成功できないと言われる分野でさえも、この言葉はあてはまる。**技量だけを見れば、ほとんど差のない選手でも、「努力の差」が「結果の差」となって表われる。**

どんな世界でも、努力は成功に欠かせない要素である。有名になる前、ヒューストンでテレビキャスターをしていたダン・ラザーの仕事ぶりはいまだに語り草になっている。テキサスに

接近していたハリケーンの取材では、風に飛ばされないように木にしがみついたままレポートしたものだ。

成功する人は、成功するためにはどんなことでもする（もちろん、他人を傷つけるようなことはご法度《はっと》である）。これこそが成功者の成功者たるゆえんである。

成功を手にするために必要な信念は、他にもある。それについては、あなた自身に考えてもらいたい。本書を読み進むうちに、役に立ちそうな考え方を見つけることができるだろう。**成功の裏には「努力の歴史」がある**ことを忘れてはならない。成功した人を研究し、いつでも効率よく行動し、めざましい成果を出すための信念を見つけてほしい。

ここで紹介した七つの信念は、これまで多くの人の成功を支えてきた。これらの信念を大切にしていけば、皆さんもすばらしい成果を上げられるだろう。

5

「一瞬にして劇的に」自分が進化する！

人は必ず何らかの「資源」を持っている。能力、時間、資金等々……ものごとがうまく運ばないのは、資源がないからではなく、今ある資源の使いこなし方がわからないからだ。

ここでは、いかにして人生の主導権を握り、もっと活気に満ちた毎日を送る方法について見ていこう。現状を打破するために、どう行動を変えていくか、どうやって肉体的な変化を起こさせるかについて考えていく。

私が紹介する方法は、心理療法士などが常套手段としているやり方とはまったく違う。彼らは、心の奥深くに隠された苦い経験の記憶を呼び覚まし、もう一度それを繰り返すという方法をとる。苦しみを追体験し、一気に吐き出してしまうというのが彼らのやり方だ。

しかし、このようなやり方はまったく問題解決にはならない。トラウマを思い出させて、追体験させれば、現状が改善するどころか、かえって苦しみや絶望感に拍車をかけることになる。つらかった思い出を追体験すればするほど、苦しみが強化されてしまうからだ。

〝脳のジュークボックス〟にかける曲

私たちの脳の中には、ジュークボックス（硬貨を入れ、好みの曲目のボタンを押すと自動的にレコードがかかる音楽装置）がある。自分の経験は、ジュークボックスの中のレコードのように脳

の中に蓄積されていく。

そして、決まったボタンを押すと決まった曲が聴けるのと同じように、ある刺激を受けるとそれが引き金となって特定の記憶がよみがえってくるのである。

あなたは、楽しくて、幸せに満ちた曲をかけるか、悲しい曲をかけるか、自分で選ぶことができる。

要は、聞きたくない曲は聴かないようにすれば、鬱積した感情が爆発することもなくなる。今の精神状態を変えるために、過去のつらい経験を思い出す必要はない。代わりに積極的な気持ちになれる考え方、内面的イメージを選べばいい。苦しみの回路を断ち切り、喜びの回路を活性化するのだ。

そして一番重要なのは、**ある出来事をつらいと思うか、いい経験だったと思うかは、「内面的イメージ」によるということだ。**

「意識的な思考以上に、自分に影響を与えるものはない」

アンソニー・ロビンズ

自分に都合のいいことだけ〝臨場感たっぷり〟に想像する

内面的イメージは、視覚や味覚などの「五感」によって構成されている。その中でもとくに重要なのは、視覚、聴覚、体感覚という三つの感覚である。

そこで、最近、楽しかったことを思い出してみよう。あなたの目には、その出来事、イメージ、色、明るさなどが見える。そして声や音が聞こえ、その時の感情が感じられるだろう。その感じをつかんでほしい。

次は、自分の肉体を離れ、映画の中の自分を見るように、その状況を離れた場所から眺めてみる。臨場感を感じただろうか。

こうした内面的イメージを利用すれば、「楽しかった体験」「うまくいった出来事」を追体験でき、いつでも自分の望む最高の状態をつくり出せる。

映画監督は、カメラアングルや音楽の音量、動きの速さ、色彩、画像の質を調節して、観客の感情、心を操作するが、私たちも脳に何らかの指示を与え、最高の結果に導く状態をつくり出せるのだ。これからその方法を説明しよう。

まず、非常に心地よい思い出を思い浮かべる。つい最近のことでもいいし、大昔の思い出で

もいい。目をつぶって、リラックスし、思い出してみる。イメージが浮かんだら、テレビの画面を明るくするような要領で、そのイメージをどんどん明るくしていく。明るさが増していくにつれて、どういう変化が起きるかに注目してほしい。

次は、頭の中の映像に近づき、さらに拡大してみる。このようにイメージを操作すると、同じ経験がより強烈なものに感じられるだろう。

もともと心地よいと思っていた思い出を、さらに大きく、明るくイメージしてみると、あなた自身もより楽しい気持ちになり、力が湧いてくると感じるだろう。

視覚、聴覚、体感覚の三つの感覚のうち、どれに重点を置くかは人それぞれである。一番多いのは、視覚によって脳にイメージを描くタイプである。最初に視覚によるイメージ操作を行なったので、次は感覚と体感覚について試してみよう。

先ほどの心地よい思い出を思い浮かべ、今度は記憶に残っている声と音を大きくしてみよう。リズムを際立たせてみたり、低音を大きくしたり、音色を変えたりして、イメージをより力強く、前向きなものにするのだ。

体感覚についても同様に、思い出をより温かく、柔らかく、滑らかなものにしてみよう。さて、その時の経験をあなたはどのように感じるようになっただろうか。

強化すべきは〝生き生きしてパワフルなイメージ〟

イメージを明るく、大きくすることで、思い出はより鮮やかになると感じる人は多いだろう。内面的イメージも強化され、より魅力的なものになるが、ここで大切なのは、あなた自身がより前向きで、能力を発揮できる状態になれることである。

カウンセリングを受けに来た人にこの練習をやってもらうと、呼吸は深くなり、背筋が伸び、顔の緊張が解け、身体全体に生気がみなぎってくる。

消極的なイメージについても試してみよう。心をかき乱し、つらい気持ちにさせることを思い描いてみる。次に、そのイメージをより明るく、大きくして、さらにそれに近づいてみると、脳の中では何が起きるだろう。

ほとんどの人は、ますます気持ちが落ち込むと感じるだろう。いやな感じが恐ろしいほど増幅される。

そこで、イメージを元の状態に戻してみよう。イメージを小さく、暗くして遠ざけると、気持ちに変化が起き、さっきの暗い気持ちがいくらか薄らいでいることに気づくはずだ。

聴覚、体感覚についても同じように試してみるといい。

このように、内面的イメージを利用すると、わずか数分間で積極的な気持ちが増幅され、力がみなぎり、やる気が起きてくる。消極的なイメージについても、その強烈な影響力を排除できる。

「脳に支配」されて生きるか、「脳を管理」して生きるか

あなたが生きる道は、二つに一つである。

今までどおり、脳に支配されて生きる道を選ぶなら、脳が示すイメージに「パブロフの犬」のように反応する生き方になるだけだ。

もう一つは、**自分で意識的に脳を管理する生き方**だ。自分でいつイメージを思い浮かべるかを決め、悪いイメージの持つパワーを削ぐこともできる。

皆さんも、大きな仕事を目の前にして、とてもやり遂げられないと手がつけられなかった経験があるだろう。そういう時に、そうしたイメージを小さくできれば、前向きな気持ちになり、ただ手をこまねいているのではなく、適切な行動に移れるはずだ。

そんな単純なものではないと思うかもしれないが、実際に試してみれば、イメージを変えるだけで仕事に対する感情が、ひいてはあなた自身の行動も変わってくるだろう。

それだけではなく、楽しかった思い出も強化できる。ささやかな喜びを大きく増幅させ、楽しい一日を過ごせば、あなた自身の気持ちも明るく、幸せになれる。これこそ人生をもっと楽しく、情熱的に生きるための方法なのだ。

「善悪はもともと世の中にあるのではない。人の判断で決まるのだ」

シェークスピア

1章で、王者についての話をしたが、王は王国を治める力を持っている。そして、あなたの王国はあなたの脳である。王が国を治めるように、あなたはあなたの脳を治める。それには、自分の経験を意のままにイメージできるようになろう。

人間の脳は、感覚を通じて外界を感じ取る。そのため、**私たちの人生は「自分なりの解釈」の上に成り立っており、「ありのままの人生」ではない**。悪いイメージばかりふくらませていけば、つらかった経験まで肥大化する。反対に、悪いイメージを隅のほうへ追いやれば、うろたえることなく問題に対処できるようになる。

普段何気なく使っている言葉の中にも、イメージの力は現われている。「明るい未来」「お先真っ暗」「〜に光を当てる」「心に重くのしかかる」「ピンとくる」。

こういう言い回しは、いわゆる比喩だと思いがちだが、そうではない。実は、実際に頭の中で起こっていることを正確に描写している言葉なのだ。たとえば、「不安が広がる」という言い方をしたりするが、そんな時は必ず悪いイメージを肥大化させている。つまり、私たちは心的イメージがどういうものか、本能的に知っているのである。

心の中の〝くだらないおしゃべり〟はOFFにする

ここで簡単な練習をしてみよう。これが役に立ったという人は多い。皆さんは、頭の中でいつまでも自問自答を繰り返して堂々巡りになり、脳が勝手にしゃべり出して止まらなくなった経験はないだろうか。

そういう時は、頭の中の声の音量を小さくしてみるといい。それだけでも楽になるという人は多い。場合によっては、何かしようとするたびに「自分には無理だ」という「内なる声」が聞こえてくることもある。そういう時は、「あなたには無理よ」と思い切りセクシーな声でしゃべらせてみてほしい。こういう声でだめだと言われると、逆にチャレンジしてみたくなるではないか。一度試してみる価値はある。

〝未来の成功体験〟を予行演習する

別の練習をしてみよう。どんなことでもいいので、これまでに「どうしてもやりたい」と思って実行した時のことを思い出してみよう。リラックスして、その時のことをできるだけはっきりと思い出しながら、次の質問に一つずつ答えてほしい。

まずは視覚でイメージをしてみよう。イメージは動いているか、それとも止まっているか。カラーか、白黒か。すぐ近くに見えるか、それとも遠くに見えるか。視野の左、右、上、下、それとも中央に見えるか。臨場感はあるか、それとも離れたところから見ているように感じるか。

次は聴覚と体感覚だ。

イメージから聞こえてくるのは自分の声か、それとも他人の声か。誰かと対話しているか、それとも独白か。音は大きいか、小さいか。抑揚はあるか、それとも単調か。リズミカルか、歯切れがいいか。テンポは遅いか、速いか。音はとぎれとぎれか、継続的か。主に聞こえてくること、あるいは自分で自分に言っていることは何か。音はどこから聞こえてくるか。

手触りは固いか、柔らかいか。暖かいか、冷たいか。ざらついているか、滑らかか。柔軟性

があるか、硬直しているか。固体か、液体か。鋭いか、鈍いか。身体のどの部分で感じているか。酸っぱいか、甘いか。

次に、今はあまりやる気がないが、これからぜひ本気で取り組みたいと思っていることを思い浮かべる。イメージを思い浮かべ、先ほどと同じ質問に答える。先ほどとは違う答えになった時は、どういうふうに違っていたかに注目する。

たとえば、イメージは映画のように動いていたか、一場面を切り取った静止画だったか。引き続き、聴覚、体感覚に関する質問に答える。その時も、どの感覚を強く感じ、自分の状態にもっとも影響を与えるのは何かに注目する。

あなたがやりたいと思って実行したことをA、これから本気で取り組みたいと思っていることをBとする。次にこの二つのイメージを同時に見る。頭の中に画面分割したテレビ画面を思い浮かべれば簡単にできる。

そして、少しずつBの感覚を調整し、Aの感覚と一致させる。人によって差はあるが、敢えて言えば、AのイメージはBのそれよりも明るいと感じる人が多い。はっきりしていて、身近に見える。AとBの違いに気持ちを集中させ、BがAと同じように見えるようになるまで操作する。聴覚、体感覚のイメージに関しても同じようにする。

これができると、Bを見た時の感じが変わる。前よりもやる気が出てきたはずだ。

繰り返しになるが、**内面的イメージが同じなら、感覚や精神状態も同じになる。そして同じ感覚や精神状態からは、同じ行動が生まれるものだ。**

何がやる気を引き出すのか、具体的にわかっていれば話が早い。そしてやる気があれば、効率的な仕事ができるのだ。

頭の中をいつも〝快〟のラベルでいっぱいにする方法

大切なのは、カギとなる感覚は、他の感覚よりも影響力が大きいということだ。

学習意欲のない男の子の指導をした時のことだ。視覚に訴えても、まったくと言っていいほど効果がなかった。

ところが、ある言葉をある決まった言い方で自分に語りかけると、急に学校へ行きたくなることがわかった。それだけではない。やる気が起きると上腕二頭筋に力が入るのである（逆にやる気のない時や、怒っている時は、顎に力が入り、声の調子もまったく違ってしまう）。

この二つに着目しただけで、またたく間にやる気のないブスッとした状態から、やる気満々の状態に男の子を変えることができた。

私のところにカウンセリングを受けに来る人は、開口一番「気が滅入るんです」と言う。そ

の時私は、「なぜですか」とか、「どういうふうに気が滅入るんですか」という質問はしない。そんな質問をされたら、ますます気が滅入るだけだ。

気が滅入っている理由など聞いてもしかたがないので、私はこう尋ねる。

「どうして、そんなことをするんですか」

すると、たいてい相手はびっくりした顔をする。憂鬱になっている原因を自らつくり出しているという意識がないからだ。

私はさらに、「もし私があなたの身体に入り込んだとしたら、私はどういうふうに気が滅入ってくると思いますか。私は何を見、自分になんと語りかけますか。語りかける時はどんな口調ですか」と質問する。

この質問で、相手が憂鬱な気分になっていくプロセスがわかる。そして、そのプロセスそのものを断ち切ってやれば、相手はもはや憂鬱になることもない。

同様に、やり方さえわかれば、誰でも自分の脳を思いのままに操り、望みどおりのすばらしい人生を送るにふさわしい精神と肉体の状態をつくり出せるようになる。

たとえば、こう考えてみよう。

イライラしたり、憂鬱になったりするのはなぜか。頭の中に何か自分を圧倒するようなイメージを持っているのではないか。悲しげな声でいつも自分に語りかけていないか。さらには、

うきうきした気分になるのはどういう時か。明るいイメージを持っているか。自分に語りかける時は、どんな話し方をしているか。

あるいは、他の人が喜んで仕事をしているのに、自分がそうではない場合、他の人はどうやって仕事を楽しんでいるのかに注目しよう。それさえわかれば、驚くほどの速さで自分を変えられる。

私は、何年もセラピーに通っていた人が、ほんの数分で精神状態や行動が変化した例をいくつも見てきた。**結局、欲求不満も、憂鬱も、高揚感も、特定の心理的イメージや音、動作によってつくり出されるプロセスなのである。**

ＮＬＰを使えば、いかに効率的に人生を変えられるか、理解してもらえただろうか。やりがいのある仕事は好きだが、部屋の掃除は嫌いという人の場合、選ぶべき道は二つある。

一つは家政婦を雇うか、好きな仕事をしている時と同じようなイメージで掃除をするかだ。自分にとって楽しいことと不愉快なことの区別がついたら、あとは簡単だ。頭の中で「不快」のラベルを「快」のラベルに貼り替えていけばいいのだ。

一時的に気持ちを変えられても、またすぐに元に戻ってしまうのではないかと心配する人もいるだろう。たしかにもっと自然に、しかも一貫して変化を起こすことができたほうが望ましい。

手強い悪習と直ちに手を切る「スイッシュ・パターン」テクニック

それにはいわゆる「スイッシュ・パターン」を使う。もっとも手強い問題や、悪い習慣などに対応する時に効果的な方法だ。スイッシュ・パターンとは、「能力を発揮できない状態をつくり出している内面的イメージ」を、「能力が発揮できる新しいイメージ」に自動的に切り替えるテクニックである。

たとえば、過食を引き起こす内面的イメージがわかれば、食欲が失せる強力な内面的イメージを新たにつくり出し、自動的にこの二つのイメージが切り替わるように脳をプログラムすればよい。過食を引き起こすイメージが湧いたら、間髪を入れずに二つ目の食欲を減退させるイメージが頭に浮かび、食べ物がほしくなくなる。このテクニックを一度覚え込んでしまえば、もう過食について悩まずにすむ。

以下に、スイッシュ・パターンの仕組みを説明しよう。

1　何を変えたいかを明確にする。

自分の目で見ているかのように、その行動を内面的イメージとして思い描く。たとえば、爪

を噛む癖をなくしたいと思えば、手を持ち上げ、指先を唇のところへ持っていき、爪を噛んでいる自分の姿を思い描く。

2　行動を変えることができたらどうなるか、その変化にはどんな意味があるかを思い浮かべる。

おそらくあなたが思い浮かべるイメージは、指を口元から遠ざけ、指先を少し押さえたりしているところだろう。きれいにマニキュアをして、すてきな服を着て、身だしなみを整え、落ち着いていて、自信に溢れた自分の姿も浮かんでくるはずだ。

自分の理想の姿をイメージしよう。それは、完璧な内面的イメージをつくり上げたいからだ。「常にこうありたい」と憧れを持って眺めるようなイメージでなければならない。

3　二つのイメージを一瞬で変換させる。

いったんこの変換の仕組みができあがれば、「爪を噛む原因」が今度は「理想の自分を実現するための原動力」になる。以前だったら「爪を噛んではいけない」と動揺するばかりだったが、今では脳が別の対応をするようになる。

イメージを変換するには、最初に変えたいと思っている行動を、大きく、明るいイメージで

描く。次に画面の右下に、自分が目指すものを小さく、暗いイメージで描く。そしてその小さな絵が、もうやめたい行動のイメージを吹き飛ばすように、一秒もかからないで大きく、明るいイメージに変わるところを思い浮かべる。

その時、できるかぎりの興奮と勢いを込めて「シュッ」と声を出すのだ。たしかに子どもっぽいとは思うが、声を出すことで脳に力強く、明確な信号を送ることができる。頭の中にこの絵をしっかりと根づかせれば、「シュッ」と言っている間にすべての変換プロセスが完了する。今やあなたの理想の姿が大きく、はっきりと、色鮮やかに描き出され、古いイメージは木っ端微塵に砕け散ってしまった。

この方法の要《かなめ》となるのは、スピードと反復だ。小さくて、画面の暗い絵が、大きく明るくなって、もともとあった大きな絵を打ち砕き、それに取って代わり、あなたの理想の姿を描き出すところを実感しなければならない。

理想の姿を目にして気分が良くなったら、一瞬目を開けて、また最初から変換を繰り返す。小さな絵がシュッと大きくなって、古い絵を打ち砕く、一瞬いい気分を味わったら、また目を開ける。そしてまた閉じる。変えたいと思っているイメージを思い描き、右下の理想の姿を見たら、シュッとそれが大きくなる。これを五、六回繰り返す。それもできるだけ速く。

大切なのはスピードと、楽しみながらやることだ。そうすることで、脳に指令を送っている

のだ。古い絵が出てきたとたんに、新しい絵に変わるようになるまで続ける。そうやって新しい状態、新しい行動を実現させるのだ。

スイッシュ・パターンで驚くほど早く結果が出るのは、脳の特性による。人間の脳はいやなものから遠ざかり、心地よいものに向かっていく傾向がある。もう爪を噛まなくてもいいというイメージは非常に魅力的なので、爪を噛むか、噛まないか、どちらの行動を選ぶべきかという指令を間違いなく脳に伝えることができる。

私自身、実際にこの方法で爪を噛む癖を克服した。私は無意識に爪を噛む癖があるということに、長い間気づいてさえいなかった。しかし、このスイッシュ・パターンを試した翌日から、急に自分が爪を噛んでいることに気がつくようになった。

自分が爪を噛むことに気がつくようになっただけでも大きな進歩だと思うが、転換パターンを十回繰り返してからは、二度と爪を噛むことはなくなった。恐怖心やイライラの解消にも、このスイッシュ・パターンは役に立つので、ぜひ試してみてほしい。

また、スイッシュ・パターンには、ゴムで弾《たま》を飛ばすパチンコを思い浮かべる方法もある。Y字型のフレームの二本の棒の間に、変えたいと思っている行動のイメージを置く。今度は、理想像を描いた小さな絵をゴムにつけ、ゴムを自分と反対側の方向へ引っ張って、絵がどんどん遠ざかっていく様子を想像する。そしてパッとゴムを離すと、古いほうの絵が目の前で木っ

端微塵に砕け散る。

これをやる時は、頭の中でゴムを思い切り引っ張るところが重要だ。手を離す時は「シュッ」と言いながら、あなたの行く手を阻もうとする古い絵を打ち砕く。

これがきちんとできれば、理想像の絵があなたに向かって猛スピードで飛んでくるので、思わずのけぞってしまうはずだ。何かとあなたの邪魔をする行動やアイデアを思い浮かべ、パチンコを使ってイメージを変換してしまおう。

〝一％の不具合〟に足をすくわれるな

ここまで読み進めてきて、自分の状態は自分でコントロールできるものだということが十分納得できたと思う。**あなたは〝自分の脳〟を支配する王者なのだ。**

すばらしい経験はくっきりと間近に見え、色鮮やかで、楽しく、リズミカルで、流れるような音楽に彩られ、柔らかく、温かくて、包み込まれるような感覚のイメージだ。反対に、いやな経験は不鮮明な小さな枠で囲まれたイメージで、ほとんど声も音も聞こえず、遠くにあるので感触を確かめることもできない。

成功者は、無意識のうちに脳をコントロールしている。自分にとって大切なことは音量を上

げ、どうでもいいことは音を切ってしまう。

私は、決して問題が目の前にあるのに、見て見ぬふりをしろと言っているわけではない。きちんと対応すべきことには対応しなければならない。一日の仕事のうち九九%はうまくいったのに、家に帰ってくるとすっかりうちしおれている人がいる。なぜか。たった一%、うまくいかないことがあったからだ。

おそらく、たった一つだけうまくいかなかったことを、大げさに恐ろしいイメージに仕立て上げ、それ以外のことをちっぽけなイメージに仕立て上げているのだ。

こういう人生を送っている人は山ほどいる。私のところへ来る人も、いつも憂鬱だと訴えることが多い。しかもそれを自慢にしているようにさえ思える。憂鬱が世界観の一部になっているのだ。

そのような場合、たいていのセラピストはダラダラといつ終わるとも知れない質問をして、憂鬱の原因を探り出そうとする。患者に何時間も自分がどんなに憂鬱かを話させ、心の中のゴミ箱を漁るようにして、すべての原因となっている過去の気の滅入る体験や精神的虐待の記憶をほじくり出す。このようなテクニックを使っているため、セラピストの治療には時間と金がかかるのである。

年がら年中、不機嫌で憂鬱な人などいない。今、不機嫌な状態にある人でも、幸せな時期が

あったはずだ。もしかしたら、平均的な人よりも多くの幸せな思い出を持っているかもしれない。

ただ彼らはそういう幸せな経験を、明るくて、大きな、臨場感のある体験として認識していないだけなのだ。ためしに先週あったことを思い浮かべ、そのイメージを遠ざけてしまうと、もうずいぶん昔のことのような気がするはずだ。

〝一瞬〟にして〝劇的に〟自分を進化させる法

よく「この問題は少し距離を置いて考えたほうがいい」という言い方をするが、別に遠くの国へ行くわけではなく、頭の中で問題を遠ざけてみると、違った面が見えてくるという意味だ。

憂鬱で不機嫌な人は、得てして頭の中でこれでもかというぐらい悪い思い出が色鮮やかに巨大化し、しかも大音響で、間近に迫っていると感じている。反対に、いい思い出は薄っぺらで、色あせて見える。

これを変えるには、悪い思い出との結びつきを断ち切り、もっと前向きに、深刻にならず、忍耐強く、かつ力強く困難に立ち向かおうという気持ちになれるイメージと結びつけることだ。

そんなに簡単にいくわけがないと言う人もいると思うが、いかないとも言い切れない。

だらだらと時間をかけて考えてもわからなかったことが、一瞬にしてすべて合点がいくこともよくあるではないか。それが脳の学習方法なのだ。

映画を見ている時のことを考えてみよう。何千コマという写真の流れを目で追うことで、画面全体が動いていると感じる。仮に、今一コマだけを見て、次のコマを数時間後に、その次のコマを二、三日後に見ても、何が何だかわからない。人間の変化もそれと同じで、もし何かを実行するなら、今すぐ心に変化を起こしたいなら、一番〝劇的な形〟で自分に見せてやる必要がある。

何カ月もかけて考えたことよりもショック療法のほうが効果がある。量子物理学の世界では、物質は時間をかけて徐々に変わるのではなく、飛躍的に変化するという。私たちも一つの経験から別の経験へと飛躍的に変化するのだ。今の精神状態がいやなら、自分の内面のイメージを変えればいいだけのことだ。

絶えず自分にこう問いかけなければならない。

「こういうイメージを持ち続けていると、最終的に私の人生はどうなるのだろうか。今のような行動をしていると、どういう方向に進んでいくのだろうか。そしてそれは私が目指している方向なのだろうか」

変えようと思えば簡単に変えられたのに、それを怠ったために、思いがけない結果を招いて

後悔しないために……。

〝黄金のバランス〟に心を砕く

ここで注意しておきたいのは、世の中には内面的イメージに目を向ける人と、見向きもしない人がいるということだ。

後者は感情に乏しく、感動することがほとんどないようだ。感情的にならないので、何をするにしても冷静に対応できるというメリットもあるが、どんな経験に対しても同じように無関心な態度をとっていると人生の喜びとは無縁になってしまう。

私はあまり感情を表に出さない慎重な人には、新しい認識方法を伝授する。内面的イメージに大いに目を向けることで、生き生きとした人生を歩めるようになるのだ。

それとは逆に、内面的イメージにとらわれる人は感情を抑制できない。些細なことが気になって、苦労が絶えず、精神的に不安定なところがあり、なんでも自分のせいだと思ってしまう。

人生を豊かに生きるには、バランスが重要である。どのようなイメージを選ぶべきか、選択するのは自分であり、何を思い描くかをコントロールするのは自分自身なのだ。

6

「やる気」が自動発火する身体のつくり方

セミナーが始まると、いつも最初は大騒ぎになる。参加者は歓声を上げ、上を下への大騒ぎを繰り広げる。運良くその場に居合わせた人は、三百人もの人がピョンピョン跳びはねながら大声で叫んだり、ライオンのようにうなったりしているところが見られるだろう。

みんな両手を振り回し、ロッキーのように拳《こぶし》を振り上げ、手を打ち合わせ、息をハアハア言わせたり、クジャクのように気取って歩いたり、親指を立てて盛り上がったりしている。その様子は、まるでそのエネルギーだけで一つの町に必要な電力をつくり出せそうな勢いだ。

強くなりたければ、〝強いふり〟をしろ

いったい全体、何をやっているんだと誰もが思うことだろう。実はこれは大騒ぎすることで、今以上に能力を発揮できることを身体で感じようとしているのだ。もっと力強く、いまだかつてないほどの幸福感を感じ、絶対に成功できると信じ、エネルギーに満ち溢れているつもりになっているのだ。

目的達成に向けた心構えとして、すでにそうなった「つもり」になるのも一つの方法だ。**やる気になった時の状態を生理学的に再現できるなら、「つもり」になるのも非常に効果的だ。**生理機能は精神状態を一瞬にして変え、劇的な結果をもたらす効果的なツールである。昔か

ら「強くなりたければ、強いふりをしろ」と言われている。これほど真実を言い当てた言葉はない。

私はセミナーの参加者に、自分の人生を変えてしまうようなすごい結果を期待している。断固として行動に移し、夢を実現するには、身体が最高の能力を発揮できる状態でなければならない。

身体が生き生きとして力強く、はつらつとした状態になれば、自然と精神状態もそうなっていく。生理機能——すなわち姿勢や呼吸法、筋肉の緊張度、声の調子など——と内面的イメージは完全に結びついているので、一方に変化が起きれば、もう一方もすぐに変化する。

つまり生理機能を変えると、瞬時にして内面的イメージと精神状態にも変化が起きるのだ。まったくやる気の起きない時など、世の中はどう見えるだろう。疲れて、筋肉に力が入らず、どこかに痛みがある時と、休息十分で、元気いっぱいの時では、世の中が違って見える。つまり生理機能を調整すれば、脳を効率的にコントロールできるのだ。

生理機能が低下していると精神状態も悪くなる。逆に活発なら、精神状態も活発になる。つまり、生理機能は精神の変化を引き起こすスイッチなのである。

事実、生理的変化を伴わない感情というものはあり得ない。また、精神状態の変化を伴わない生理的変化もあり得ない。精神状態を変えるには、「内面的イメージ」を変えるか、「生理機

能」を変えるかのどちらかである。

精神状態を今すぐにでも変えたいと思えば、呼吸や姿勢、顔の表情、動き方をパッと変えればいいのだ。

疲れた時こそ〝胸を張る〟!

疲れた時に、肩を落とし、大きな筋肉の力を抜いてやると、「疲れた」というメッセージが脳に送り続けられ、本当に疲れた気になる。しかし、姿勢をしゃんとし、気持ちを奮い立たせて疲れていないと思えば、内面的イメージも変わり、疲れの感じ方にも変化が起こる。

「疲れた、疲れた」と思っていると、どこまで行っても疲れたままだ。しかし、てきぱきと仕事を片づける力が自分にはあると口に出し、意識面でもそのとおりの調整を行なえば、身体もそうなっていく。生理学的な変化が精神状態をも変えるのである。

今日、科学の世界では、病気か、健康か、あるいは元気いっぱいか、落ち込んでいるかは、「自分で選べる」というのが常識となりつつあるようだ。

「楽しくやるより、憂鬱になりたい」と、口に出して言う人はいないが、ここで落ち込んでいる人の行動について考えてみよう。

落ち込んでいる人には、非常に明確な特徴があるので、ひと目見ただけで、それとわかる。まず、歩く時は下を向いている（彼らは体感覚を重視し、気が滅入る話だけを自分に語りかける）。肩を落とし、息は弱く、浅い。肉体をうつの状態に追い込むことばかりする。うれしいことに、高揚感を味わうのも簡単だ。私なら、内面的イメージにはまったく手を加えずに、うつ状態を一瞬にして変えることもできる。

背筋を伸ばして立ち、胸を張り、腹の底から深く呼吸し、顔を上げ、身体を動かしていれば、落ち込んでなどいられなくなる。それが能力を発揮するための生理なのだ。あなたの脳には、精力的に力を発揮しろというメッセージが届けられ、身体はそのとおりになっていく。

あれができない、これができないと訴えてくる人には、「できるようなふりをしなさい」と助言すればいい。するとたいていは、「どうしたらいいのか、わかりません」という答えが返ってくる。

そうしたら、「どうしたらいいのかわかっているかのように行動しなさい。やり方がわかっているような立ち方をし、やり方がわかっているような息のしかたをするんです。今すぐにでもできるような顔をしなさい」と言う。

その人がまさにそういうふうに立って、息をし、生理機能をそういう状態にすると、たちまち自分にもできるような気がしてくる。たったこれだけのことで、精神状態に変化が起きるか

らだ。

自分にはできないけれど、できるようになりたいことを思い浮かべてみよう。もしそれができたとしたら、あなたはどういう立ち方をするだろう。話し方は？　息のしかたは？　理想の自分、理想の生理状態を思い浮かべ、それに合わせて姿勢を正し、呼吸を整え、表情をつくって、最初の状態と比較してみよう。その違いには注目すべきものがある。

理想的な状態を一貫して継続することで、できるわけがないと思っていたことも、「まるで」できるような気がしてくるはずだ。

「行動」とは〝精神状態の結果〟に他ならない

火の上を歩く時も同じだ。たしかな自信を持っている人は、堂々と、火傷もせずに、火の上を歩くことができる。

しかし中には、いざその時になると怯えてしまう人もいる。最悪の状況を頭に浮かべてしまうからだろう。あるいは、火のついた炭に近づいただけで、その熱さで自信を失ってしまうのかもしれない。そうなると、恐怖で身体が震え、泣き出したり、動けなくなったりする。

恐怖に打ち勝ち、果敢に一歩を踏み出すためにするべきことは一つしかない。精神状態を変

えることだ。

人間の行動はすべて、その時の精神状態が生み出す結果だということを忘れてはならない。力に満ち溢れ、臨機応変に対応できると思えば、無力感と倦怠感に溢れている時には絶対にやらないようなことでも、「やってみよう」と思うものだ。

火を前にして、ガタガタ震えたり、泣いたり、固まってしまったりした人たちのために私がしてあげられることは一つだけだ。

それは、その人の内面的イメージを変えることだ。火の上をうまく渡りきれたら、どんな気持ちがするか、その人に考えさせるのだ。

二〜四秒もあれば、その人は火の上を歩ける状態になる。呼吸のしかたも、顔の表情も変わっていくのが手にとるようにわかる。私が「進め」と言うと、ついさっきまで恐怖で固まっていた人が、自分から進んで火の上を渡りきって、大喜びしているのだ。

ところが、中には成功するイメージよりも、火傷をしたり、つまずいたりするイメージが大きく、明確になってしまう人もいる。そういう人を変えるには時間がかかることがある。

火のついた炭の前でパニックになってしまった人に効果のあるもう一つの方法は、生理的な変化を起こしてやることだ。

まず、私はパニックになった人に「顔を上げてまっすぐ前を見る」ように言う。そうするこ

とで、その人は体感覚ではなく、視覚によってものごとを判断するようになり、ほとんど間をおかずに泣きやむ。

自分でも試してみるといい。動揺して泣いている時、泣くのをやめようと思ったら、顔を上げることだ。胸を張って、視覚に頼ることで、ほとんど一瞬にして気分が変わる。子どもにもこの方法は有効だ。子どもが怪我をして泣いている時は、顔を上げさせると、泣きやむか、痛みがなくなるか、少なくともだいぶ楽になるはずだ。

次は、火の上をうまく、火傷もせずに歩けるという自信がありそうな姿勢で立たせ、自信満々の声でしゃべらせる。こうすれば、脳がどう感じればいいかについての新しいメッセージを受け取り、その結果、ついさっきまで恐怖で動けなくなっていた人が、目的達成のために行動できるようになる。

このテクニックは、いつでも使える。声をかけづらい人に話しかけようとする時、自分との対話に変化を加え、立ち方、呼吸方法、声の調子などを変えれば、自分の精神状態を変え、行動する力を得られる。

エクササイズをして、息が上がってきた時なども、意識的に姿勢を正し、普通に息をするようにすると、すぐに疲れが回復したように感じるはずだ。

「信じる力」は人を〝無敵〟にも〝無力〟にもする

内面的イメージと生理機能を変えると、免疫システムも変わる。うつ状態の人は白血球計数が下がり、免疫力が低下することが研究で明らかになっている。

キルリアン写真を見たことはないだろうか。キルリアン写真とは、肉体の生体電気エネルギーを示すもので、精神状態や気分の変化によって生じる変化がひと目でわかる。心と身体はつながっているため、気分が高揚すると人間の電場にも変化が生じ、普段はできないことができるようになる。私自身の経験や本から得た知識によると、人間の身体には私たちが思っているほど限界はないのである。

オーストラリアのアボリジニには、呪術師が「呪い」をかける習慣がある。強力な呪いの言葉を唱えると、呪われた人は自分は重病にかかり、死ぬと思い込むようだ。

心と身体の関係について数多くの著書があるハーバート・ベンソン博士は、一九二五年に起こった実例を紹介している。

「敵に呪いをかけられたと知った男は、惨めそのものだった。愕然と立ちつくし、呪いをかけ

た裏切り者をにらみつけ、自分にかけられたと思い込んでいる、命をも脅かす呪いを両手で振り払おうとしていた。顔は真っ青で、目はどんよりとし、顔はみにくくゆがんでいた……叫ぼうとするのだが、のどを締めつけられたようなか細い声しか出てこないし、口からは泡を吹いている。身体はガタガタと震え、筋肉が自分の意識とは関係なく痙攣《けいれん》していた。そのままのけぞって、地面に倒れ込み、気を失ったようだった。しかし、すぐに死の苦しみを味わっているかのようにのたうちまわり、手で口をふさいで呻き始めた……その男はいまにも死んでしまいそうだった」

私はこれほど真に迫った、恐ろしい話は読んだことがない。そして、「信じること」がいかに大きな影響力を持つかをこれほど如実に示す話はない。

普通に考えれば、誰もこの男の命を脅かすようなことはしていない。ところが、この男自身が「自分は死ぬ」と信じ込んだために、生理機能もそのように変化して、ついには死に至るような、恐ろしい力が働いたのである。

まったく同じようなことが、私たちの身の回りでも毎日のように起きている。

ベンソンは、ロチェスター大学医学部のジョージ・L・エンゲル博士が世界中から集めた新聞記事にも言及している。それらはすべて突然死に関する記事なのだが、想像を絶する大惨事

が原因ではなく、むしろ彼ら自身の持っていた否定的な内面的イメージが死の原因だという。どの場合も、何らかの理由で、彼らは自分が無力で、孤独だと感じている。その結果、アボリジニの呪いと同じ結末を迎えているのだ。

肉体は〝庭〟、意志は〝庭師〟

消極的な精神状態や感情が文字どおり人を死に至らしめるということは誰でもよく知っているが、前向きな精神状態が人を癒すということについては、あまり語られていないように思う。

前向きな心が持つ有益な面を取り上げた例で、もっともよく知られているのは、前にも書いたノーマン・カズンズの『笑いと治癒力』だろう。この中でカズンズは、笑いの力によって長年苦しめられた病から奇跡的な回復を遂げた経緯を述べている。

笑いは、「生きたい」という意志を活性化するための、ツールの一つである。

カズンズは一日の大半を映画やテレビ、本を見て、笑うことに治療の大部分を費やした。その結果、頭の中に思い描くイメージが変化し、笑いによって生理状態も劇的に変化した。それに続いて、肉体的な変化も起こってきたのである。よく眠れるようになり、痛みも軽減され、身体全体の調子が良くなっていった。

当初、医者の一人は、カズンズが回復する可能性は五百分の一だと言っていたにもかかわらず、最終的に、彼は完全に病気から解放された。カズンズは最後にこう言っている。

「たとえば回復の見込みはほとんどなくても、人間の心と身体の再生力を決して軽視してはいけないことを、私は身をもって学んだ。生命の持つ力は、解明されていないことが多い」

人間は気分のいい時に微笑み、楽しい時に笑うわけではない。むしろ、微笑みや笑いは、気分を良くするためのスイッチだという。笑いによって脳への血流が増え、酸素がたっぷり補給されることで気分も良くなるのだ。

表情も効果的である。たとえば、恐怖、怒り、嫌悪、驚きを示す表情をつくると、それに伴って感情が変化してくるのである。

顔には八十の筋肉があり、止血帯のような働きをしている。身体に大きな変化が起きた時は、血流を安定させたり、脳に血液を供給して、その働きを助けたりする。

カリフォルニア大学の精神医学の教授、ポール・イークマン博士は、『ロサンゼルス・タイムズ』紙でこう述べている。

「自分の中で何らかの感情が湧くと、顔に表われるものです。ところが、逆もまた真なりで、意識的に表情をつくると……たとえば、つらくても笑っていると、心の中ではそれほど苦しまずにすみますし、悲しげな顔をしていると、心まで悲しくなってくるのです」

さらに、同じ原理で、嘘発見器をだますこともできるという。真実を言っている時と同じ生理状態をつくれば、たとえ嘘をついたとしても嘘発見器は本当だと判断する。

身体が最高の状態なら、脳も効率よく働く

心と身体の相関関係について、結局、一番大切なのは、身体のケアを十分にすることだ。**身体が最高の状態なら、脳も効率的に働く。身体をうまく使えば、脳もうまく働く。**

これがロシアの物理学者モーシェ・フェルデンクライスの主張する学習法の神髄だ。フェルデンクライスは、身体を動かすことでセルフイメージ、精神状態、脳の機能が変化することを発見した。事実、**「生活の質」は「動きの質」に左右される**とも主張している。

この時大切なのは、一貫性である。たとえば、前向きな内容のメッセージを伝えようとしている時に、声が弱々しく、ためらいがちで、しぐさも焦点の定まらないちぐはぐなものだったら、それは一貫性を欠いている。矛盾したメッセージを送り続けていると、中途半端なことしかできなくなる。

こんな経験はないだろうか。この人は信用できないと感じているが、なぜそうなのか、よくわからない。その人の言うことは筋が通っているが、どういうわけかその言葉を真に受ける気

になれない。そういう時、私たちは意識には上らない何かを無意識のうちに認識しているのだ。たとえば、何か質問をして、相手が「はい」と答えたとする。ところが、そう答えながらも、その人はゆっくりと頭を左右に振っていたらどうだろう。あるいは「大丈夫、できます」と答えているのに、姿勢が前屈みになり、伏し目がちで、息も浅かったら……。

本人は意識していないが、それらはすべて「私には無理です」と相手に伝えているのだ。その人の中には、頼まれたことをやってあげたい気持ちと、やりたくないという気持ちが同居している。自信がある部分と、ない部分とがせめぎ合っている。一貫性がないのは、一度に二つの方向へ進もうとするようなものである。

脳に〝あやふやな命令〟を出すな

一貫性は力を生む。確実に成功を収めるのは、持てる力をすべて注ぎ込むことのできる人だ。目的達成に向けて、精神と肉体の両面で力を発揮できる人だ。あなたの周囲にいる人の中で、一番一貫性のあると思われる人を三人思い浮かべ、他の人との違いは何か、考えてみよう。一貫性のある人と、ない人とでは、あなた自身に及ぼす影響力に違いはあるだろうか。

一貫性を持つことは、人間力を引き出す重要なカギになる。何かを伝えようとする時、声の

調子であれ、息づかいであれ、身振りであれ、「身体から発せられるメッセージ」と「言葉」が一致していれば、何を求めているか、はっきりと脳に伝えられる。そうすれば、心もそれを受けて普通に反応する。

たとえば、「たぶん、こうしなければいけないんじゃないかな」と自分に言い聞かせたとしても、弱々しい言葉ではっきりしない態度をとっていれば、脳に正しいメッセージは届かない。壊れかけのテレビのように画面がちらついて、映像がよく見えないのだ。身体から脳に送られるメッセージが弱々しく、矛盾したものだと、脳はどうすればいいのか、よくわからなくなってしまう。

兵士が戦場で戦うべき時に、肝心の将軍が「じゃあ、こうしてみようか。どうなるかわからないけど、試してみよう」と、あやふやな命令を出すようなものだ。これでは兵士の士気が下がるにきまっている。

「絶対こうしよう」と言った時に、姿勢、顔の表情、呼吸法、身振り手振り、言葉、声の調子などが一貫していれば、あなたは間違いなく目的を達成できる。逆に、言葉と身体が一致していなければ、能力を十分に発揮できない。

一貫性を高める一つの方法は、すでに一貫性のある人をモデルにすることだ。ある特定の状況で、有能な人は脳のどの部分が働いているのかを明らかにすることが重要だ。有能になりた

ければ、脳の使い方を真似すればいい。他人の生理機能を寸分違わず真似できれば、その人と同じ頭の使い方ができるだろう。

「ぜひ、あのようになりたい」と思う成功者を五人選び、自分とどこがどう違うか検討してみよう。彼らの座り方、立ち方、動き方、顔の表情や身振りはどうだろう。彼らと同じような顔の表情をつくり、身振りを真似てみた時、感情に変化はあるだろうか。

自分の能力を最大限に発揮する「模倣」法

独特の表情、声音、身振りなどは、大きな影響力を持った人に見られるものだ。たとえばジョン・F・ケネディ、キング牧師、フランクリン・ルーズベルトといった人たちがそうだ。彼ら独特の表情や身振りを真似すれば、彼らと同じ脳の使い方、情報処理ができるようになるだろう。文字どおり、彼らの気持ちになることができるのだ。

息づかい、動き、声音はその人の状態を示す重要な要素なのだが、写真だけでは十分ではないため、映画やビデオから得る情報は貴重である。

短時間でもかまわないから、彼らの姿勢、顔の表情、身振りなどをできるだけ忠実に模倣すると、彼らと同じような感覚を味わえるようになるだろう。彼らの声を思い出せば、それと同

じ調子で話せるようになる。さらにこういう人たちに共通している一貫性にも注目すること。**自分の持っている内なる力を今すぐにでも活用したければ、尊敬してやまない人の話し方、顔の表情などを意識的に模倣するといい。**そうすれば、その人たちと同じ状態を経験できるだろう。時には、まったく同じ経験をすることも可能だ。

落ち込んでいる人の生理状態を模倣したいと思う人は誰もいない。真似するなら、力強く、能力を発揮している人を手本にすべきだ。そうすれば、今まで効果的に使えていなかった脳の部分に信号が送られ、新しい可能性が生まれるからだ。

今度、大きな成功を収めている人や、あなたが称賛してやまない人に会ったら、身振りを真似し、違いを感じ取り、思考方法の変化を楽しんでみよう。楽しみながら経験を積み、新しい可能性を見つけるのだ。

7

相手の「深層心理」を鋭く読む法

一流の錠前師の仕事ぶりを見たことがある。まるで魔法のようだった。鍵に触り、普通の人には聞こえない音を聞き、見えないものを見、感じないものを感じ、金庫の鍵の組み合わせを探り当ててしまう。

名人「鍵師」のように人の心を読み取る

コミュニケーションの達人も同じである。錠前師と同じように、他人であれ、自分自身であれ、心の奥底へと通じる鍵を開けてしまうのだ。そして、相手の心と通じ合える人は、いい人間関係を築くことができるから、人生で望むものを容易に手に入れることができる。そこで、本章では、相手のタイプを的確に察知し、相手の心をつかむコミュニケーションのテクニックについて見ていこう。

ほんの少し訓練すれば、本や地図を読むのと同じように、誰でも人の心の動きを巧みに読み取る術《すべ》を身につけられる。相手の心の動きを読むには、視覚、聴覚、体感覚のうち、相手がどれをより多く使うかを知る必要がある。右利きと左利きがあるように、人それぞれよく使う感覚は違うのだ。

視覚を重要視する人は、世の中を絵としてとらえ、脳の視覚を司る部分が活動する時に、も

っとも力を発揮できる。彼らは概して早口である。頭に浮かんだ絵に言葉を合わせようとするため、言葉の使い方にはあまり頓着しない。また、視覚的なたとえを使って話すことが多い。

聴覚に頼る傾向のある人は、もっと言葉の選び方に慎重である。声に響きがあり、話し方もゆっくりしていて、リズム感があり、規則的だ。言葉の意味を大切にするので、口に出すことには注意を払う。「そんな話は聞いたことがない」とか、「あなたの言っていることは聞こえているわ」という言い回しをよく使う。

体感覚に頼る人は、もっとスローペースで、反応は感覚的だ。太い声で、ゆっくりと言葉を絞り出すように話す。事態を「重く」受けとめ、「接触」を持とうとする。「答えは喉まで出かかっているのに、まだつかみ切れていない」というような言い方をする。

「目の動き」一つにこんな〝重要情報〟が込められている

誰でも視覚、聴覚、体感覚という三つの感覚を持っているが、その中の一つだけが突出している場合が多い。

そして、相手がどの感覚タイプなのかわかれば、自分のメッセージを届けやすくなる。相手の頭の働きに合わせた率直な話し方をすれば、メッセージも伝わりやすくなるのだ。

たとえば、視覚中心の人と相対する時には、のんびりと構えていてはいけない。深呼吸をしてから、やおら話し出すなどもってのほかだ。相手はイライラして、気も狂わんばかりになるだろう。

他の人が話している時の話し方や話の内容に気をつけるだけで、その人がどの感覚タイプなのか、すぐわかる。

昔から、「目は心の鏡」と言われている。ただ、それが真実であることがわかったのはごく最近のことだ。そこには神秘性のかけらもない。相手の目の動きをよく観察すれば、その人が視覚、聴覚、体感覚のどれを使っているのか、すぐにわかる。

たとえば、こんな質問はどうだろう。

「十二歳の誕生日の時、ケーキのロウソクの色は何色でしたか。思い出してみてください」

考えている間、九割の人は目が左に動く。「視覚の記憶」をたぐり寄せようとする時、右利きの人は必ずそうなる。左利きの人でも一部の人はそうなるようだ。

もう一つ別の質問。

「ミッキーマウスに髭をつけるとどうなるでしょう。絵を描いてください」

今度は、目が上か、右に動くはずだ。それが「視覚によるイメージ」を構築しようとする時の目の動き方なのだ。

相手の眼球の動きと記憶、イメージの関係

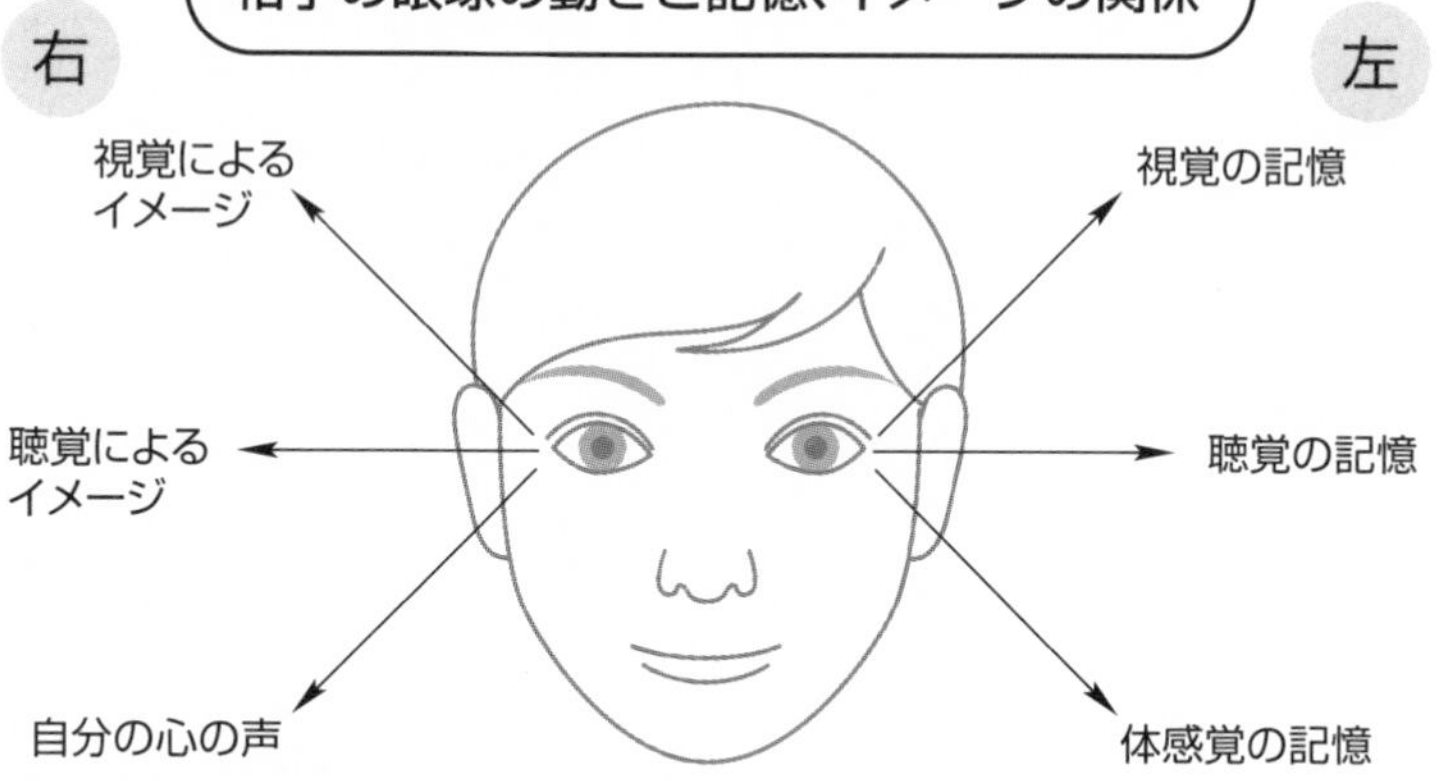

眼球の動き	効果的な質問
目を左上に動かす時は、 **視覚の記憶**を引き出している	あなたのコートの色は何色ですか?
目を右上に動かす時は、 **視覚によるイメージ**を構築している	紫色のぶちのあるオレンジ色のカバを想像してください
目を左の耳の方に動かす時は、 **聴覚の記憶**を引き出している	あなたの目覚まし時計はどんな音がしますか
目を右の耳の方に動かす時は、 **聴覚によるイメージ**を構築している	これから新しい曲をつくるとしたら、どんなフレーズになりますか
目を右下に動かす時は、 **自分の心の声**を聞き、 自分と対話している時である	いつも自分に言い聞かせていることを自分に語りかけてください
目を左下に動かす時は、 **体感覚の記憶**を引き出している	松ぼっくりに触るとどんな感じですか

このように、**目の動きを追うだけで、その人が働かせている感覚がわかる。**

誰かと話をする時は、映像や音、感触を思い出してもらうための質問をしながら、その人の目の動きを観察してみるといい。目の動きと働かせている感覚の関係を図にしたので、役立ててほしい。

たとえば、目が左上に動いたとすると、その人は記憶の中の情景を思い起こそうとしている。左耳のほうに動けば記憶の中の音を聞いていることになる。

どうしても何かを思い出せない時などは、目の位置が正しくないためという理由も考えられる。

たとえば、数日前に見たことを思い出そうとする時に、視線を右下にやっても、記憶が出てこない。しかし、左上に目を向けると、ほしい情報を素早く思い出せることに気づくだろう。

脳の中に保存されている情報を探す時の目の動かし方がわかっていれば、素早く、簡単に情報を引き出せるのである（ただし、全体の五〜一〇％の人は左右が反対になっている）。

「呼吸」と「話し方」で相手の深層心理が読める

目の動き以外にも、相手がどの感覚を使っているか、見分ける方法がある。

たとえば、浅い胸呼吸をしている時は、視覚的に考えている。横隔膜から上全体で呼吸をしている時は、聴覚中心になっている。深い腹式呼吸は、体感覚中心であることを示す。他の人の呼吸のしかたを観察し、呼吸の速さと位置に注目しよう。

また、視覚人間は機関銃のように話し、声は鼻にかかっていて、ピッチが高く、ゆとりがない。低く、太い声で、ゆっくり話す人は、たいてい体感覚人間だ。規則正しくリズムをきざみ、明確で、響きのある声音の人は聴覚人間である。

肌を見ただけでもわかる。視覚的に考えている時は、顔色が悪くなる。上気している時は、体感覚で考えている。頭を上げている時は、視覚的である。何かを聴いているように頭を少し傾けている時は聴覚的で、首の筋肉が弛緩し、頭を下げている時は触覚的である。

こうした動きを追えば、どんなに短いコミュニケーションであっても、相手の考えを正確に読み取れる。

“動機づけの達人”の驚くべき会話テクニック

相手の考えを見抜くには、相手の感覚タイプがわかればいい。言葉以外の目の動きや身体の動きは、感覚タイプと緊密に結びついている。それは、相手の無意識の領域につながる回路を

開くスイッチだ。

相手の感覚タイプがわからないままコミュニケーションするのは、トースターのコンセントを差し込まないままパンを焼くようなもの、バッテリーのない車のエンジンをかけるようなものだ。

たとえば、あなたが陸上競技の監督だとしよう。ある選手を、ひとかどの長距離ランナーに育てたいと考えている。彼は才能もあり、興味もあるのだが、どんな苦労もいとわないほどのやる気はない。

何から始めよう？　まずチームで一番の選手の練習ぶりを見せるか、競技用トラックを見せるか、あなたの熱意を示すために早口でまくしたてるか。

こういうアプローチはすべて、視覚タイプの人には効果的である。しかし、それ以外の人では、かえって逆効果になる。

もし、この選手が聴覚タイプであれば、安定した、はっきりとよく響く声で話さなければならない。聴覚タイプのやる気が起きるテンポと共感できる言葉で話すべきだ。たとえば、こんなふうに。

「もう知っていると思うが、うちの陸上選手用プログラムは非常に効果がある。学校中で話題になっている。今年は観客動員数も増えている。にぎやかすぎて大変なぐらいだ。でも、選手

たちは観客が多いほど励みになると言っている。声援に押されて、これまで以上に良い成績が出ている。ゴールした瞬間の歓声はものすごい。長年監督をしてきたが、これまで聞いたこともないような歓声だ」

これで相手はすっかり引き込まれるだろう。聴覚を刺激する言葉を使っているからだ。新しいスタジアムを何時間もかけて見せて回るのもいいが、聴覚タイプの人にとっては退屈なだけだ。ゴールした時の歓声が伝わってくるような話し方をすれば、相手はすっかりその気になるだろう。

しかし、これだけでは本当にやる気を引き出すことはできないので、こう続けるのもいいだろう。

「観客の応援の声を聞くと、人生で最高のレースをしている自分の姿を思い浮かべることができる。ぜひとも一世一代のレースをしたいという気持ちになるだろう」

これが「すご腕営業マン」の人心把握術

会社の経営者であれば、従業員の志気を高めることが最大の関心事のはずだ。

しかし、感覚タイプに基づいた動機づけについて知れば知るほど、うまく志気を高めること

のむずかしさをひしひしと感じるだろう。結局、何を言われたらやる気になるかは個々人で違うので、全員にやる気を起こさせるのは至難の業だ。自分自身の感覚タイプにピンとくる表現をしても、自分と同じタイプの人にしか効果はない。

だから、まずは視覚、聴覚、体感覚の三つに訴えかける言葉で話すことだ。三つのタイプすべてを引きつけるためには、声とイントネーションも変えるべきだ。

営業の世界では、こうした手法は何にも増して重要である。セールスマンの中には、そのことを本能的に知っていて、見込み客との間にすぐに信頼関係を築ける人もいる。最初はこういう感じだ。

「ライバル会社のコピー機をお使いのようですね。ぜひ教えていただきたいのですが、この機械をお買いになったきっかけは何ですか。どこかで広告をご覧になったとか……どなたかに勧められたんですか。それとも、営業マンや製品そのものに感じるところがあったからですか」

このような質問は少々奇異に感じられるかもしれない。しかし、信頼関係を築ける力のあるセールスマンなら、「お客様のニーズにぜひお答えしたいので、教えていただきたいのですが」と言葉を続けるだろう。このように、質問のしかたを心得たセールスマンなら、自社の製品をもっとも効果的に紹介するための貴重な情報を得ることができるのだ。

どんなに顧客がほしがっていた商品でも、客の気に障ることを言ってしまってはだいなしだ。

効率的な営業をするには、客が気に入ったものを購入した時のことを思い出させて、どうしてそれを買おうと思ったのかを明らかにすることだ。

できるセールスマンは、客のタイプを的確につかんでおり、客を満足させ、長くつき合っていくテクニックを無意識のうちに身につけているものだ。

たとえば、一〇〇%成功する「私のダイエット法」

過食を抑えるというテーマはどうだろう。私は以前、体重が百二十キロ以上あった。私は食欲に振り回されており、空腹でもないのに猛烈な食欲を覚えることがたびたびあった。

その時のことを思い出して、いったいなぜ食欲を抑えられなかったのか、自問自答してみた。何かを見たからか、何かを聞いたからか、何か、あるいは誰かに触れたからかを考えてみると、それは「視覚」に関係していた。

車を運転していて、私の好きなファーストフード・チェーンの看板が目に飛び込んでくると、すぐに大好きな食べ物を食べている自分を想像し、「そういえば、腹が減ったな」とつぶやく自分がいたのだ。そうやって空腹を感じ、店に入って注文するという行動に至ったわけだ。

あの看板を見るまではまったく空腹など感じていなかったのだから、それが私の過食の引き

金を引いたことになる。困ったことに、看板はそこら中にある。

さらにはテレビコマーシャルもある。食事が終わったばかりでも、テレビから「お腹は空いていませんか……お腹は空いていませんか」と何度も問いかけられると、私の脳は食べ物の絵を思い浮かべる。すると私は「そういえば、腹が減った」とつぶやき、空腹感が募ってきて、近所のファーストフード店へ駆け込むというわけだ。

では、どうやってこの習慣から足を洗えたかといえば、ファーストフードの看板を見たら、自分の太って醜い姿を鏡で見ているところを想像したのだ。そして、「ひどいな。食べるのはやめておこう」と自分に言い聞かせる。

次に、エクササイズで汗を流し、強靭な肉体を手に入れた自分を想像し、こう言うのだ。

「やったね。かっこいい」

すると、すぐにでもエクササイズをしたくなる。

もちろん、スムーズにできるようになるまで、何度も繰り返した。看板を見て、自分の太った姿を思い浮かべ、内的対話を何度も繰り返した。おかげで、現在の肉体と健全な食習慣を手に入れることができた。

皆さんも、何が自分を動かしているのかを解明できれば、どんな悪しき習慣からも足を洗える。今すぐにでも始めよう!

相手の感覚に訴える〝効果的なアプローチ〟法

もちろん、パートナーシップにおいても感覚タイプはとても大切な要素だ。たった一度の触れ合い、たったひと言、たった一度目と目が合っただけ……それだけで人は愛されていると感じるものだ。

だからといって、視覚、聴覚、体感覚のうちのどれか一つだけがあればいいかと言うと、そうでもない。私なら三つとも全部必要だし、皆さんにしてもそうだろう。できれば、優しく触れながら愛の言葉をささやき、目に見える形で愛を示してもらいたい。

しかし、一つの感覚が他よりもまさっているのも事実で、一つの愛の表現だけで心の鍵が開き、とても愛されていると感じることもある。

パートナーシップにおける感覚タイプを割り出すには、こんな質問をすればいい。

「本当に愛されていると感じた時のことを覚えていますか」

こういう目で見られると弱い、こんなふうに髪に触られるとメロメロだ、こんな声で「愛している」と言われると、とろけてしまうといったことは誰にでもある。

感覚タイプを意識した質問――「相手に見つめられたいのか」「言葉で愛を表現してほしい

のか」「相手に触れてほしいのか」といった質問——をいくつか投げかければ話は簡単だ。

セミナーなどで相手の感覚タイプを割り出した後、たとえば視覚タイプの人に〝熱い視線〟を私が投げかけると、相手はメロメロになる。しかもそれを拒むことはできない。なぜなら、「愛されている」と感じる的確な信号を、私が相手の脳に送っているからだ。

何度も言うようだが、**人間には三つの感覚すべてが必要だが、心の鍵を開けるのは一つだけであって、その一つが魔法のような力を発揮するのだ。**

パートナーに「愛されている実感」を効果的に与えられるなら、それは非常に心強いツールになる。

〝人間関係の力学〟に精通すれば恐いものなし！

人間関係にはおもしろい力学が働いている。関係の初期段階では、四六時中、お互いに愛していることを態度で表わし、語りかけ、触れ合ったりする。しかし、時間が経つにつれて情熱が薄れてくると、三つすべてを継続して行なうカップルは希になる。

果たして愛情が薄れてしまったのだろうか。決してそうではない。相手との関係に不満はないが、次第にエネルギーを節約するようになるのだ。

そうなった時、愛情をどのようにして相手に伝えるかと言えば、「自分が相手にしてほしいと望む方法」を選ぶのだ。そうなった時、二人の愛情関係はどうなるのか。例を見てみよう。

夫が聴覚タイプであれば、当然、妻には「言葉」で愛情表現するだろう。ところが、妻は視覚タイプである。彼女の脳は視覚的刺激――たとえばすてきなプレゼント――によって愛情を感じるようにできている。年月が経つにつれ、二人の関係はどうなっていくだろうか。

二人とも「相手からもう愛されていない」と感じるようになるのだ。出会ったばかりの頃は、互いに態度や言葉、触れ合いなど、三つの感覚を駆使して愛情表現をしただろう。しかし、今や夫が「愛してるよ」と言うと、妻は「いいかげんなことばっかり！」と答えるだろう。

「何だって？　どうしてそんなことを言うんだ」

「あなたは口ばっかりなんだから。この頃は花をくれるわけでも、どこかへ連れて行ってくれるわけでもないし、私を見る目つきだって昔とは違ってしまったわ」

「目つきってどういうことだ。いつも愛してると言ってるじゃないか」

妻は、夫が彼女にとっての〝適切な刺激〟を与えてくれなくなったために、夫の深い愛情を感じ取れなくなっているのだ。

あなたにも身に覚えはないだろうか。

気づきは強力なツールになる。たとえば、私たちは世界地図は世界のありのままの姿を映し

たものだと考えがちだ。ところが地図は現実の地形そのものではなく、私たちがそれをどうとらえているかを示しているにすぎない。パートナーと自分の「愛の世界地図」が違っていれば、当然、そこにすれ違いが起こってくる。

どうすれば相手に対する深い愛情を感じてもらえるか、パートナーと二人でじっくり見直すといい。そして愛情における感覚タイプを解明し、相手にどうしてほしいのかを伝えるべきだ。お互いの違いを理解することで、二人の関係が劇的に変化するだろう。

ＮＬＰは心の原子物理学のようなものだ。物理学は自然界における事実を解明するが、ＮＬＰも人間の心について同じ役割を担っている。

私たちは、「自分探し」をするために専門家に大枚を払ったり、成功するために何冊も本を読んだりする。しかし、**ＮＬＰの技術を実践すれば、目的を効果的に、あくせくせずに達成できるのである。**

8

カリスマが必ず持っている「三つの武器」

あなたが誰かと完全に波長が合った状態を思い浮かべてほしい。相手は友だちでも、恋人でも、家族でも、偶然出会った人でも、誰でもいい。その時に戻って、その人と波長が合ったと感じたのはなぜだったのか、考えてみよう。

おそらく、本や映画の感想や、ものの考え方や感じ方がよく似ていたのだろう。あなた自身は気づいていないかもしれないが、二人は呼吸法や話し方のパターンが似ていたのだろう。あるいは、生い立ちに共通点があったり、同じことを信じていたのかもしれない。

それが何であれ、二人はラポール（信頼関係、人と人との心理的なつながり）という同じ基盤の上に立っている。**ラポールは、他人の世界に入り込む能力であり、「二人の間に強い理解、共通する絆がある」と相手に思わせることでもある。**また、成功へと導くコミュニケーションの本質である。

人は〝自分と共通点があって個性的な人〟を好きになる

ラポールは、人間関係のパワーを生かし、成果を上げる究極のツールである。4章（「成功者のメンタリティ」七つの法則）で学んだように、人はもっとも重要な資源だ。ラポールは、人という資源を最大限に生かす手段である。人生に何を求めていようと、ふさわしい人との間

にラポールを築くことで、お互いの要求を満たし合える。

ラポールを築くことは、人間にとってもっとも大切なスキルの一つと言える。**成績のいい優秀なセールスマンになるにも、良きパートナー、良き友人、説得に長けた政治家になるにも、必要なのはラポール、すなわち強力な「絆」だ。**言葉を換えれば、それは相手と共感し合うことによって成り立つ人間関係である。

自分で人生を複雑で、手に余るものにしている人は多い。そんなことをする必要はない。本書で皆さんが学ぶスキルは、どれも人とのすばらしいラポールを築くことと関係している。そしてラポールさえあれば、たいていのことはたやすく、楽しいものになる。

人生に求めるものは人それぞれだ。悟りの境地に至るにしても、金儲けをするにしても、目標達成を手助けしてくれる人がいる。あなたよりも効率的な方法を知っている人、一人で取り組むよりも早く目標に到達できるように手伝ってくれる人だ。そういう人の協力を得るには、ラポールを築き、お互いの連帯感を深める魔法の絆をつくることだ。

「正反対のものは引き合う」という言葉があるが、私に言わせれば愚の骨頂だ。たしかに、間違った考え方にも一片の真実は含まれているもので、共通点が多ければ、小さな相違点が「正反対」と思えることはある。

しかし、普通、**「魅力を感じる相手」とは、自分と似たところがありながら、個性的な人で**

ある。あなたの意見にことごとく反論し、興味の対象も違い、あなたが眠っている時に起き、起きている時に眠っている人とは、うまくやっていけないものだ。

好意を持つ相手は、自分に似た人であることが多い。なんの共通点もない人同士が集まってクラブをつくることがあるだろうか。とんでもない。集団をつくるのは、退役軍人や切手収集家、野球カードコレクターのように、共通点を持ち、ラポールのある人たちだ。

何かの大会に行くとよくわかる。知らないもの同士が、その場でどんどん友だちの輪を広げていく。

反対に、早口で、相手の背中をバンバン叩いて親近感を示そうとする騒々しい男と、もの静かで内向的な男とのからみは、コメディの王道である。こんな二人がうまくやっていけるわけがない。共通点のまったくない相手を好きになることなどできないのだ。

アメリカ人が親近感を持つのはイギリス人か、それともイラン人かといえば、答えはわかりきっている。アメリカ人と共通点の多いのはどちらか。これも答えは明らかだ。

中東のことを考えてみよう。中東にはどのような問題があるのだろうか。ユダヤ人とアラブ人の宗教は似たところがあるのか。彼らの司法制度はどうか。話す言葉は似ているか。結局、そうした違いがあるがゆえに、彼らには彼らなりの問題があるのだ。

〃自分の世界地図〃を〃相手の世界地図〃に翻訳する

「相違がある」という言い方は、お互いに似ているところがなく、さまざまな問題を孕《はら》んでいることを示唆する言い方でもある。

アメリカの黒人と白人の問題もそうだ。人種問題が起きるのは、肌の色、文化や習慣の違いが強調される時だ。違いが大きければ争いに発展することもある。似たところが多ければ、調和もしやすい。それは歴史が証明していることで、国際問題にも、個人レベルの問題にも当てはまる。

誰でもかまわないから、つき合いのある二人の関係について考えてみよう。最初につながりができたのは、何らかの共通点があったからだということがわかるだろう。

あなたが気に入っている人を思い浮かべてみれば、その人は自分に似たところがあるのではないだろうか。そうでなければ、あなたの理想とする自分に似ているのではないだろうか。

何をやっても意見が対立する人のことを、すばらしい人だとはなかなか思えない。すごい人、頭のいい人だと思うのは、自分とだいたい考え方が同じで、しかも自分にはない観点を持っている人だ。また、我慢のならない人はどうかというと、自分にそっくりの人だったりする。

「こいつ、何から何まで俺と同じような考え方をしている。鼻持ちならないやつだ」というわけだ。

違いが争いを生み、争いが違いを生むような悪循環から抜け出す道がないものだろうか。もちろんある。どんな場合でも、すべてが違っているというわけではなく、どこか似たところも必ずあるからだ。

そういう見方をすれば、アメリカの黒人と白人はたしかに相違点も多いが、共通点も多いのである。どちらも男と女がいて、仲間がいて、同じような恐怖や希望を抱いている。

仲違いするか、仲良く暮らすかは、お互いの相違点に注目するか、類似点に注目するかによる。

本当の意味でのコミュニケーションとは、自分の世界地図を、別の人の世界地図に翻訳する方法を身につけることであり、それにはラポールが必要なのだ。

「自分の主張を受け入れてもらおうと思ったら、まず相手にとって自分は誠実な友であると思わせなければならない」

……エイブラハム・リンカーン

「ミラーリング」で相手の〝警戒心〟を解く

ラポールを築くには、まず共通点を見つけることから始める。NLPの用語では、これを「ミラーリング」、または「マッチング」と呼ぶ。

他人との間に共通点をつくる方法は、いろいろある。たとえば、服の好み、趣味などを意図的に合わせたり、共通の友人を通じて信頼感を深めたり、相手の信念を模範にするのもいい。共通の経験があれば、友情が深まり、恋愛関係にも発展する。

これらすべてに共通しているのは、言葉によって伝達されることだ。ところが、研究の結果、対面コミュニケーションでは、相手があなたの言葉から受け取るメッセージは、全体のわずか七％にすぎないという。

そして、三八％は声の調子によって伝えられる。私が子どもの頃、よく母は「アンソニー」と、声を荒げたものだ。そこには私の名前以外にいろいろな意味が込められていた。

そして、コミュニケーションの五五％、つまり半分以上は外見やボディランゲージによって伝達される。顔の表情、身振り、動きの種類によって伝えられる内容のほうが、言葉で伝達される内容よりも、多くの情報を含んでいるのだ。

つまり、**ラポールを築くための、もっとも有効な手段とは、外見を真似すること**なのである。この手法を確立したのが、催眠療法の大家、エリック・ミルトン博士である。彼は、相手と呼吸、姿勢、声音、身振りを同調させることで、短時間で相手との間に完璧なラポールを築くことができた。初めて会った人でも、すぐにミルトンのことを信頼するようになる。

言葉は意識に働きかけ、外見や態度などは無意識の部分に働きかける。脳が、「おや、この人は自分に似ているな。それなら大丈夫だ」と思うのも言葉や外見、態度である。一度そうなると、大きな魅力を感じ、強い絆が生まれる。無意識につくられるものであるがゆえに、つながりはさらに強くなる。

まず、最初に相手に合わせるべきは、声である。声の調子、言葉の区切り方、声の高さ、話す速度、間の取り方、声の大きさなどを正確に合わせる。

口癖を真似てみるのもいい。姿勢や呼吸パターン、視線の合わせ方、顔の表情、身振り手振り、その他の目立った動きも真似てみる。立つ時の足のふんばり方から頭の傾け方まで、あらゆる点を鏡になったつもりで写し取る。

相手のすべてを写し取った時、どうなるか。その時、人は運命的な出会いを感じる。すべてを相手に合わせると相手も不自然に思うかもしれないので、声の調子と顔の表情を相手に合わせるだけでもいい。驚くほどの信頼関係が築けるだろう。

今日から数日間は、会う人ごとにミラーリングの練習をしてみよう。身振りや姿勢をさりげなく真似てみるのだ。呼吸の速さと深さ、声の調子、話すテンポ、声の大きさも相手に合わせてみよう。相手はあなたに親しみを覚え、あなたも相手に親しみを覚えるだろうか。

相手の外見に合わせると、その人の精神状態や、ものの考え方も共有できる。そこで、それを毎日の生活の中で実践したらどうなるだろうか。コミュニケーションのプロは、相手の考えが手にとるようにわかるほど巧みにミラーリングする。

ミラーリングに熟達するためには、鋭い観察力と人に対する柔軟性が必要だ。相手がいる時に実験してみてはどうだろう。

一人はリーダー、一人はその人に合わせてミラーリングをする人になる。リーダーは一〜二分間で、身体をできるだけ変化させる。顔の表情や姿勢、呼吸のしかたを変える。あるいは、腕を組むような目につく動きをしたり、首に力を入れるような目立たない動きをする。

一通り終わったら、意見を交換し、次は交代して同じことをやる。うまく真似できたことと同じぐらいできなかったことがあるとわかるだろう。

誰でもミラーリングのエキスパートになれるが、身体の使い方は千差万別であり、身体の使い方を知れば知るほど、ミラーリングは上達する。少し練習すれば、意識して真似をする必要もなくなり、自然に周囲の人の姿勢や状態を真似できるようになるだろう。

「視覚、聴覚、体感覚」――相手の〝感覚タイプ〟に注目する

効果的なミラーリングを行なうには、視覚、聴覚、体感覚の三つのイメージシステムを使うことだ。**相手の感覚タイプがわかれば、ラポールは飛躍的に深みを増していく。**

前述したように、視覚人間には特徴的な行動がいくつもある。たとえば、「私にはそう見える」とか、「そんなことをしている自分の姿なんて想像できない」という言い回しをよく使い、早口で、息が浅く、胸式呼吸である。

声の調子は高く、鼻にかかっていて、力が入っていることもある。概して、筋肉は緊張していて、とくに肩と腹部の緊張が強い。視覚人間はやたらと指差したがり、猫背で、首を前に突き出していることが多い。

聴覚人間の好きな言い回しは「それはいいように聞こえる」や「心に響く」などで、話し方にメリハリがあり、バランスがとれている。声ははっきりしていて、よく響く。呼吸は安定していて深く、腹式呼吸である。筋肉の緊張もバランスがよくとれている。

両手を組み合わせたり、腕を組んだりするのは、聴覚によってイメージを把握していることを示唆している。姿勢はやや前屈みで、頭をどちらか一方に傾けるクセがある。

体感覚人間は「しっくりこない」とか、「仕事が手につかない」という表現を使う。話し方はゆっくりで、言葉と言葉を切り、声は太く、低い。手の平を上にし、腕を曲げてリラックスした姿勢が体感覚人間の特徴である。頭をまっすぐにして、どっしりと構えている。

感覚タイプを見分ける要素はこの他にもいろいろあるが、人によってまちまちな場合もあるので、注意深く観察することが必要だ。人は一人ひとりみな違う。しかし相手の感覚タイプを知ることは、その人の世界に入り込む大きな手がかりとなる。

たとえば、聴覚タイプの人に何かを頼む時は、その内容を視覚的な言葉を使って説明し、極端な早口で話したのでは、とても引き受けてもらえない。あなたの声の調子を聞いただけで、相手は端《はな》から話を聞く気をなくしている。

同様に、視覚タイプの人にゆっくりとした口調で、体感覚的な言葉を使って話したら、相手はあなたのペースにイライラして、さっさと要点を話せと言うだろう。

相手の心に〝ピン〟とくる言葉の選び方

このような違いを説明するために一つの例を紹介しよう。

静かな住宅街に一軒の家が建っていた。ほとんど一日中、鳥のさえずりが聞こえた。その家

の内装は絵本に出てくるようなすばらしさで、黙って通り過ぎる人はいないだろうと思わずにはいられない。夕暮れ近くなって、あなたは庭に出て、小鳥のさえずりや、木々の枝をわたる風やポーチの風鈴の音に耳を傾ける。

もう一軒の家は、絵のように美しい家だ。見るだけでわくわくする。とにかく見た目の美しさは文句のつけようがない。家の前には真っ白なポーチが長く伸び、桃色の壁の手の込んだ羽目板も美しい。窓の数が多く、日当たりは申し分ない。見るべきものはいろいろある。螺旋階段から彫刻のほどこされた樫の扉まで、一日中、隅から隅まで探検しても、まだ新しい発見があるほどだ。

三軒目の家は説明しにくい。自分で行って、経験し、感じるしかない。建て前はしっかりしていて、心強い。各部屋には独特のあたたかさがある。まったく漠然とではあるが、人の心に安らぎを与えてくれる。成長を見守ってくれるような家とも言える。部屋の隅に座っていると、家からにじみ出てくる何かが気持ちを落ち着かせてくれる。

この三軒の家は、どれも同じ家である。最初は聴覚的、二番目は視覚的、三番目は体感覚的に説明したものだ。何人かのグループをこの家に案内する時は、すばらしさを余すところなく伝えるために、三つの要素すべてを組み込むといいだろう。

三つの説明のうちどれが一番魅力的かは、一人ひとりが決めることだ。この三つすべてを活

用することを常に意識しておこう。相手の感覚に焦点を合わせつつも、三つすべてを使うのが洗練されたやり方だ。

今日から数日間は、人と話をしながら、相手がどのような言葉を一番よく使うか、注意しよう。次に、相手のよく使う言葉と同じ種類の言葉を使って話し、その後で別の感覚タイプの言葉でも話してみよう。いったい何が起きるだろう。

初対面の相手に〝十年来の友人〟と思わせる技術

効果的なミラーリングがどれほどの力を発揮するものか、一つ例を紹介しよう。

先日、私はニューヨークにいた。のんびりしたかったので、セントラルパークまで歩いて行った。ベンチに腰を下ろしてあたりを眺めていると、反対側のベンチに座っている一人の男が目に止まった。

そこで私は彼のミラーリングを始めた（一度クセになると、なかなかやめられない）。忠実に彼の模倣をした。

座り方、呼吸のしかた、足の動かし方もすべて同じにした。そのうち小鳥にパン屑をやり出したので、私も小鳥にパン屑をやった。彼が頭を前後に振ったので、私も頭を少し振った。彼

が目を上げたので、私も目を上げ、彼が私を見たので、私も彼を見た。

ほどなくして、その人は私のほうに歩いてきた。当然のことだ。彼は私に引き寄せられたのだ。なぜなら、彼は私が自分とよく似ていると思ったからだ。二人で話し始め、その間も私は彼の声の調子や言葉遣いを正確に模倣した。しばらくすると、その人はこう言った。

「あなたがとても知的な方だということがよくわかります」

そんなことがなぜわかるのか。それは私が自分と似ていると思ったからだ。そのうちに彼は、二十五年来の知己よりも私のことをよく知っているような気がすると言い始め、間もなくして、私に一緒に仕事をしないかと持ちかけてきた。

〝好印象の人〟ほど「相手の心」を操っている

ミラーリングの話を聞いた人の中には、そんな不自然で、人を操るようなことは良くないといい顔をしない人もいるが、不自然だというのは当たらない。ラポールの関係にある時は、自然と相手の外見や声の調子などを真似るようになるものだ。

セミナーの参加者の中の誰かがミラーリングに不快感を示した時は、私は隣に座っている人を見なさい、あなたと同じ方向を向いて座っているでしょ、と言う。二人とも同じように足を

組み、同じ角度に首を傾けて話を聞いている。数日間、セミナーを一緒に受けただけでラポールが築かれ、いつでもお互いにミラーリングをしているわけだ。

そしてその人に、隣の人についてどう思うかと尋ねると、「すばらしい」とか、「親しみを感じる」と答える。そこで今度は、まったく違う姿勢で座ってもらい、もう一度隣の人についてどう思うかと尋ねる。すると、今度は、「あまり親しみを感じない」「距離感を感じる」「よくわからない」と答えるようになる。

ミラーリングは、ごく自然なラポールのなりゆきとして起こり、誰でも無意識にやっていることだ。本章では、ラポールの方法を身につけ、いつでも、誰とでも（初対面の人とでも）思いどおりの結果を導き出せるようになることを目指している。

ミラーリングが作為的だと言うなら、いつもの調子で話すのと、相手の世界に入り込んでしまうのと、どちらがコミュニケーションがうまくいくか考えてもらいたい。仮に相手を操ることが目的だとしても、ミラーリングを始めたとたんに、相手と同じ気持ちになるのだから、自分で自分を操ることになってしまうわけだ。

相手を模倣しても、自分のアイデンティティが失われることはない。

むしろ、ミラーリングによって相手と世界を共有するという、強烈で美しい経験は自信につながっていく。

歴史上のカリスマも「三つの武器」を駆使していた！

大々的な成功を収めるには、大衆との間にラポールを築かなければならない。大きな影響力を持った指導者は、三つの感覚タイプすべてに精通している。私たちは、**三つの感覚に万遍なく、しかも全身全霊で一貫したメッセージを伝えてくる人を「信頼できる」と感じる。**

たとえば、近代の大統領の中で、とくに力強く、カリスマ性があり、抜きん出ていた人と言えば、誰を思い浮かべるだろう。私が調べた人の九五％はジョン・F・ケネディと答えた。ケネディは、外見的には文句なく魅力的な大統領だった。そうは思わないという人はまずいないだろう。同じく九五％の人が、聴覚的にも魅力的だったと答えている。「国が何をしてくれるかではなく、自分が国のために何ができるかを問え」というケネディの言葉に心を揺さぶられない人はいない。

彼はコミュニケーションで人を動かす達人だった。一貫性もあった。これにはフルシチョフも異論はないだろう。キューバ危機（ソ連のフルシチョフ政権によるキューバの核ミサイル基地建設をめぐり、米ソ間の冷戦が頂点に達し核戦争の危機を招いた国際緊張のこと）は、ケネディとフルシチョフの一貫性が試された時でもあった。

ある本には、二人が目と目を合わせてにらみ合った時、「フルシチョフがまばたきをした」と書かれている。それですべてが決まった。ケネディの影響力は圧倒的だった。

成功する人はラポールを築く才能に恵まれている。影響力のある人は、三つの感覚すべてを柔軟に使いこなし、人の心を引きつける。しかし、それは決して天賦の才ではなく、誰もが伸ばすことができる技術なのだ。

「ペーシング」と「リーディング」で相手はあなたを拒絶できない！

効果的なミラーリングができるようになると、ラポールを築くだけではなく、相手のことが手にとるように理解できる。加えてペーシング（歩調合わせ）とリーディング（誘導）と呼ばれる方法を使えば、相手を思ったとおりに動かせる。

ミラーリングが相手の「動き」に合わせるのに対して、ペーシングとは相手の「スピードやテンポ」に合わせていく。また、リーディングとはミラーリングやペーシングで相手に合わせた後、頃合いを見て主導権を握り、自分のペースに誘導していくことである。

こんな例がある。数年前、私の栄養関係の事業が軌道に乗り始めた頃、ビバリーヒルズに住むある著名な医者と近づきになった。出だしでつまずいてしまい、彼はある企画についてすぐ

に決定を下すように求めてきた。しかし私は出張中で、しかもまずいことに決定を下せるのは私だけだった。

私のような若造（当時、まだ二十一歳だった）に待ちぼうけを食わされるのも気に入らなかったその先生は、ようやく私が出会った時にはすっかりへそを曲げていた。

私が彼のオフィスに入っていくと、彼は身体を固くして座っていた。身体中の筋肉が硬直していた。私は向かい側の椅子に彼とまったく同じ姿勢で腰かけ、呼吸のリズムも彼に合わせた。彼が早口でしゃべったので、私も早口でしゃべった。彼は円を描くように右腕を振るという変わったクセを持っていたので、私もそれを真似た。

その時の状況はお世辞にも良好とは言えないものだったが、話がこじれることはなかった。というのも、私が彼に合わせることで、ラポールを築くことができたからである。

そのうち、私は彼をリードできないか、試してみることにした。まず話す速さを落としてみた。すると彼もゆっくり話すようになった。次に、私は椅子の背中にもたれかかった。すると彼も同じことをした。初めのうちは私が彼の真似をしていたのだが、ラポールが築かれると、彼のほうに私を真似させることが可能になったのだ。

最後は、彼に誘われてランチを食べに行き、まるで長年の親友のように楽しい時間を過ごした。最初に部屋に入っていった時に、彼に忌み嫌われていたのが嘘のようだった。

この先生を相手に私が行なったのが、ページングとリーディングである。

ラポールが高まると、相手も知らず知らずのうちにあなたの動きに同調するようになる。

相手の世界に入り込み、ラポールを築いたら、それを利用して相手をリードするのである。

この〝同調力〟こそ人間関係の要《かなめ》

ラポールを築くための秘訣は「柔軟性」である。ラポールの形成を妨げる最大の障害は、他の人も自分と同じ地図を持っているという考えだ。あなたの世界観は人の数だけある世界観の一つにすぎない。コミュニケーションの達人は、このことをよく理解している。

意思の疎通がうまくいかない時、私たちは相手を道理をわきまえない大馬鹿者だと決めつけがちだが、それではコミュニケーションがうまくいくはずがない。**相手の気に障るところをあげつらってフラストレーションをためるよりも、相手の世界観に合わせて自分の行動を変えるほうが得策である。**

NLPの定義では「コミュニケーションは、相手からどんな反応を導き出すかにかかっている」としている。

コミュニケーションがうまくいくかどうかは、発信者である自分の責任なのだ。もし、何か

を依頼したのに、相手が頼んだこととは違うことをしたら、それはあなたのコミュニケーションに落ち度があったということだ。

何をするにせよ、これは重要なポイントだ。教育について考えてみよう。教育における最大の悲劇は、教師は自分が教える「教科」についてはよくわかっているのに、「生徒」のことは何もわかっていないことだ。

優秀な教師なら、本能的にページングとリーディングのことを理解し、ラポールを築くことができるので、メッセージを生徒に伝えられる。

教師の中には、生徒の飲み込みが悪いのは「生徒の学習能力の問題だ」と考えている人もいる。しかし、コミュニケーションで一番大切なのは、「伝える内容」ではなく、「相手からどんな反応を引き出すか」なのだ。

神聖ローマ帝国についての微細な知識を手に入れても、ラポールを築けなければ、あなたの地図に記されたその情報を他の人の地図に書き移すことはできない。そのような知識は無意味である。だから、ラポールを築くことのできる教師こそが、優秀な教師となり得るのだ。

こんな話がある。あるクラスで、生徒たちがいたずらを思いつき、午前九時きっかりに全員で教科書を床に落として先生を驚かせようとした。件《くだん》の教師は、まさにその瞬間にチョークを置き、自分の持っていた教科書を床に落とした。そして「ごめんなさい、ちょっと遅れちゃっ

たわね」と言った。その後、生徒たちは先生の言いつけをよく守るようになったという。

誰でも簡単にでき驚異的な成果を上げる「ラポールの魔力」

ＮＬＰの創始者は、教育に関するすばらしい例を紹介している。

ある工学部の学生は、体感覚タイプだった。彼は電気回路図をなかなか読み取れず、その科目自体がむずかしくて、退屈だと思った。この学生は、「視覚的に説明された概念」を理解するのが不得手だったのだ。

そんなある日のこと、彼は自分が電子になって回路の中をフワフワと漂っているところを想像してみた。回路図に記号で示されたいろいろな部品と電子が接触した時の反応と変化を想像してみると、たちどころに回路図が意味を成してきた。それどころか、楽しくさえなった。

一つひとつの回路図は、初めて読む叙事詩のようだった。その楽しさが忘れられず、彼は結局エンジニアになった。

彼が成功したのは、自分の感覚タイプにフィットするやり方に気づいたからである。いわゆる落ちこぼれと言われる子どもたちのほとんどは、学習能力がないわけではなく、教師が教え方を心得ていないだけだ。生徒との間にラポールを築けず、それぞれの感覚タイプが理解でき

るような教え方をしていないだけなのだ。

ここまで教育を中心に話を進めてきたのは、教育は家庭でのしつけや職場での社員教育など、すべての人に関わりのあることだからだ。教室で効果があるなら、重役用会議室でも、家庭でも効果があるはずだ。

ラポールの魔力には、もう一つ、すばらしいものがある。それは**ラポールが非常に身につけやすいスキルだ**ということだ。教科書も、学校に通う必要もない。専門家の下で修練を積む必要もないし、学位もいらない。必要なのは、視覚、聴覚、体感覚だけだ。

人間は絶えず意思を伝え合い、互いに影響し合っているわけだが、ラポールがあれば、それをより効果的に行なうことができる。ラポールは職場でも家庭でも外出先でも活用できる。

就職面接を受ける時も、面接官をミラーリングすれば、たちまち気に入ってもらえるだろう。仕事でラポールを使えば、クライアントともすぐ打ち解けられる。

コミュニケーションの達人になるために必要なのは、相手の世界に入り込む術を身につけることなのだ。

9

「戦わずして勝つ」言葉の魔力

本書ではこれまでに、モデリングの技術や、望みどおりの結果を手にするための行動パターンなどについて学んできた。その基本となる考え方は、自分の脳を効率よく働かせて、人生の主導権を握るというものだ。

無駄な時間をかけずに自分の期待どおりの結果を生み出す術を身につけるには、すばらしい成功者を模倣することが欠かせない。

また、成功人生を手にするために欠かせないキーワードは「柔軟性」である。コミュニケーションの達人は、相手を観察した上で、言葉遣いから立ち居振る舞いまで、すべてを柔軟に変えていく。コミュニケーションを円滑にするには、まず謙虚さと変化をいとわない姿勢が大切だ。

理詰めで相手を説得しようとしても、自分の考えをごり押ししても、コミュニケーションはうまくいかない。相手に気を配り、機敏に、柔軟に対応する心がけが大切だ。

〝言葉のボクシング〟を超えた頭脳プレー

柔軟に対応するなんて簡単だと思うかもしれない。しかし人間は、型にはまった状態に慣れきってしまうことがある。自分のやり方が絶対に正しいと思い込み、漫然と同じことを繰り返

すが、これはうぬぼれと惰性のなせる業である。

たしかに、前と同じことを繰り返していれば簡単だ。かの神秘主義詩人ウィリアム・ブレイクは言う。

「自分の意見を変えようとしない人は、淀んだ水であり、心は爬虫類と化している」

コミュニケーションのパターンを変えようとしない人も、同じ危険性を孕《はら》んでいる。

できるだけ多くの可能性を試すことがより良い人生を生きる秘訣であり、いつも同じやり方や戦略で押し通す人は、ギアが一つしかない自動車でドライブしているようなものだ。

以前、友人がホテルのフロント係に、チェックアウト後の数時間だけ、部屋を使わせてほしいと交渉したことがあった。彼女の夫がスキーで怪我をしてしまい、移動手段が整うまで、部屋で休ませておきたかったのだ。

フロント係はもっともな理由を並べて、それはできないと慇懃《いんぎん》に、しかし断固たる態度で断り続けた。私の友だちは辛抱強く相手の言い分を聞きながらも、もっと切実な理由を挙げてそれに対抗した。

彼女は、女の魅力から理性と論理まで、ありとあらゆる手を使った。決して高飛車になるでもなく、法外なプレッシャーをかけるでもなく、とにかく自分の希望を通すまであきらめずに頑張った。

その結果、最後にフロント係は「お客様には負けました」と言いながら、苦笑を浮かべた。いったい彼女はどうやって望みを叶えたのだろうか。それは相手がもう言い返す気力をなくすまで、次から次へと新手の攻撃をしかけたのだ。

論争とは、言葉のボクシングだと考えている人は多い。ほしいものを手に入れるまで、議論の間中、次々にパンチを繰り出す。それがより洗練されたものが合気道や太極拳のような東洋の格闘技だ。

彼らが目指すのは、力に打ち勝つことではなく、力の方向を変えることだ。力と力のぶつかり合いではなく、自分に向けられた力と同調し、その方向を変える。これこそが、私の友人がとったコミュニケーションの最高の形でもある。

実は、抵抗などというものは存在しないことを覚えておこう。ただ、間違ったタイミングで、間違った方向に力を加えようとする融通の利かない相手がいるだけだ。

合気道の名人と同じく、コミュニケーションの達人は、相手の意見に反論したり相手を打ち負かそうとしたりはしない。

相手の〝抵抗の兆し〟を感知し、相手に自分を合わせ、思いどおりの方向に話を進めるだけの柔軟性と才覚を持っているのだ。

相手の反感を巧みに〝方向転換〟させる法

言葉や言い回しの中には、相手の抵抗や問題を誘発する〝引き金〟になるものがあると覚えておこう。偉大な指導者やコミュニケーションの達人は言葉の持つパワーに非常に敏感だ。ベンジャミン・フランクリンは自叙伝の中で、意見を相手に伝えると同時にラポールを維持する方法について、次のように説明している。

「私は、自分の意見を言う時は控えめに、自信がなさそうにふるまうようになった。私の発言が議論を呼びそうな時には、決して『絶対』や『間違いなく』といった自説を肯定する言葉は使わず、『私が思うに』とか、『私が理解したところでは』という言い方をする。または、これこれの理由でこう『思われる』『考えるべきではないか』、こうではないかと『想像する』、『私が間違っていなければ』こうであるという表現もする。こうした習慣は、自分の考えを相手に吹き込んだり、自分が取り組んできた方策を相手に納得させたりするのに大いに役立ったようだ」

したたかなフランクリン翁は、相手の反感を買うような言葉を使って、自分の提案に対する抵抗が起きないように気をつけながら説得する術を心得ていたわけである。

他にも使ってはいけない言葉がある。必ずと言っていいほど耳にする言葉、「しかし」である。無意識に使うことが多いが、もっとも破壊的な言葉の一つと言える。

「それはそうだ。しかし……」というのは、要するにそれは間違っている、関係ないと言っているのと同じだ。「しかし」という言葉は、それ以前の発言をすべて否定する言葉だ。「あなたには賛成だ。しかしね」と言われたら、いい気持ちはしない。

そこで、「しかし」を「そして」という言葉に置き換えてみたらどうだろう。「それはそうだ。そしてこれもまた本当のことなんだ」とか、「それはおもしろい。そして別の考え方もあるね」と言えば、まず相手に同意したことになる。反感を買うことなく、方向転換への道を切り開くことができる。

相手が反感を示しそうになったら、相手が反抗的なのではなく、融通が利かないだけだということを忘れないこと。気づかないうちに、相手の反感を買うような言葉や言い回しがあるのなら、反対に相手を巻き込み、心を開かせるコミュニケーションの方法もあるはずである。

〝感情〟に理解を示すだけで「いいことづくめ」の結果が！

たとえば、あなたの考えを完璧に相手に伝えられるツールがあったらどうだろう。しかも、

あなた自身の品位を損なうこともなく、相手の意見を否定する必要もない。

実はそんないいことづくめのツールがある。ラポールを維持しながら、自分の信念を相手に伝え、相手を否定することなく使える三つの言い回しがあるのだ。

その三つの言い回しとは、

「よくわかります。そこで……」

「尊重します。そこで……」

「同感です。そこで……」


この三つは、相手の世界に入り込んでラポールを築くための魔法のフレーズだ。相手の話を「しかし」のような言葉で〝無視するも同然〟の態度に出るのではなく、受け容れる言い方である。さらに、抵抗を受けることなく、自分の望む方向へ相手を動かすことができる。

例を挙げよう。あることに関して、「あなたは完全に間違っている」と言われたあなたが、それと同じ強烈さで、「いいえ、私は間違ってなどいません」とやり返したなら、ラポールは保たれるだろうか。もちろんそうはいかない。争いが起き、相手は反発するだろう。

そうではなくて、その人に対して、「このことに関して、感情的になられるお気持ちはよく

わかります。そこで私の言い分にも耳を貸していただければ、お考えも変わるかもしれません」と、答えてみたらどうだろう。

お気づきと思うが、決して相手の言うことに同意する必要はない。**まずは相手の感情に理解を示し、尊重することが大切なのだ。**

さらに、相手の意図も理解することが可能だ。たとえば、意見が対立してしまうと、相手の意見を理解しようとも思わず、相手の言い分に耳を貸そうともしなくなる。しかし、ラポールを築くための三つのフレーズを使えば、相手の意見に耳を傾けられるようにもなる。その結果、相手を理解し、正しく評価するための新しい方法が見つかるだろう。

相手が自分の意見が受け容れられたと感じれば、争いになることはない。意見の衝突が回避できるどころか、新しい可能性さえ生まれてくる。この方式は誰でも使うことができる。相手が何と言おうと、その中に何かしら理解し、尊重し、同意できる部分を見つけ出せるだろう。

あなたに争うつもりがなければ、争いは起こり得ないのである。

〝言葉の合気道〟で抵抗を「プラスの力」に転じる

私のセミナーではごく簡単な実験をする。その結果は、多くの人の記憶に残るものだ。

実験といっても、二人である質問について反対の立場から討論してもらうだけなのだが、その時のルールは、決して「しかし」という言葉を使わないこと、相手の意見をこき下ろさないことだ。

これは言葉による合気道のようなものだ。この実験を通して、参加者は自由になれたと感じる。相手を論破するのではなく、相手の考え方を知り、理解することで、より多くのことを学べるようになるのだ。けんか腰になったり、腹を立てたりすることなく議論し、意見の相違点を発見し、その上で互いの合意点に到達する。

誰かと同じことをやってみてほしい。トピックを選び、私が今説明したような方法で、反対の立場から議論してみよう。これは共通点を見つけ、自分の望む方向に相手を導くゲームである。決してあなた自身の信念と相反するようなことをする必要はない。

私はあなたに自分の意見も主張できないような人間にはなってほしくない。だが、徐々に相手に合わせ、その後で強引に相手を引っ張ってくるのではなく、自分のほうに導いてやるほうが、より効率的に成果を上げられる。しかも、他の人の意見に対して心を開けば、あなた自身の考え方もより豊かでバランスのとれたものになる。

討論というと、勝つか、負けるかのゲームと思いがちだ。自分が正しければ、相手は間違っている。一方が真実を独占し、もう一方は暗黒の世界に沈むのだと。しかし私の経験では、三

つの言い回しを発見したことによって、より多くのことを学び、効率よく目的を達成できるようになった。

優秀なセールスマンもコミュニケーションの達人も、乗り気ではない人を動かすのがいかにむずかしいか、よく知っている。逆に、乗り気になっているなら、ごく自然に相手を導くことができる。

効果的なコミュニケーションのカギは、「相手にやらせたいこと」ではなく、「相手がやりたいと思っていること」をやるように仕向けることだ。相手の抵抗を抑え込むのは並大抵のことではない。むしろ一致点を見出し、ラポールを築くほうがはるかに容易である。そうすれば、抵抗をプラスに転じることができる。

"思考の堂々巡り"を解消する賢い方法

では、問題を抱えた人とうまくコミュニケーションするにはどうしたらよいだろうか。それには行き詰まった思考パターンを打ち破ってあげることも一つの方法だ。皆さんも堂々巡りに陥ってしまうことがあるだろう。そうなると、同じところだけを何度も繰り返し演奏するキズのついたレコードのようなものだ。レコードを先に進めるには、針をちょっと動かして、位置

をずらしてやるしかない。

膠着《こうちゃく》状態から抜け出す時もそれと同じである。頭の中で聞き飽きたフレーズを中断し、新しいスタートを切らなければならない。

カリフォルニアにある私の家は、海を見渡す美しい場所にある。治療を受ける人も私の自宅にやってくると、前向きな気持ちになるようだ。

私は、彼らが到着するところを二階の窓から眺めるのが好きだ。まず車が近づいてくる。患者が車を降り、見るからにわくわくした様子であたりを見回し、玄関に向かう。目にするものすべてが、彼らを生き生きとした、好ましい状態に変えていることがひと目でわかる。

それから何が起きるかと言えば、彼らは二階に上がって、少し私と話をする（とても楽しく、前向きな話し方だ）。そこで私がこう切り出す。

「どうなさったんですか」。するとそれまでの楽しげな雰囲気が一変して、たちまちがっくりと肩を落とし、自分の苦悩について話し出す。顔の筋肉も垂れ下がり、呼吸も浅くなる。そう、彼らは「思い悩んだ」状態になることを自ら選んでいるわけだ。

そんな時には、気が滅入る心の習慣を打ち破ることがいかに容易かを示してやる。私はいつも、相手に有無を言わせぬ、憤懣《ふんまん》やるかたないという調子でこう言うことにしている。

「ちょっと待った。まだ始まっていませんよ！」

するとどうだろう。彼らはすぐに「ああ、すみません」と答え、姿勢を正し、普通の呼吸をし、姿勢も顔の表情も元に戻って、先ほどのようにいい気分になる。

つまりこういうことだ。彼らはいい状態になる方法など、先刻承知なのだ。同時に、悪い状態になる方法もわかっている。たった一瞬で内面的イメージを変え、精神状態を変えるためのツールはすべて持っているのだ。

相手の〝憂鬱病〟にご丁寧につき合う必要はない

また、人から「どうしたの」と声をかけてもらいたくて、ふさぎ込み、憂鬱そうな顔をしている人もいる。

知り合いにそういう人がいたら、どう対応すればいいのだろうか。相手の思惑どおりに対応するのもいいだろう。じっくりと腰をすえて、腫れ物に触るような、苦渋に満ちた、いつ果てるとも知れない話し合いを始めるのだ。

相手はそれで少しは気分が晴れるかもしれないが、結局何の解決にもならない。ふさぎ込んだふりをしていれば、誰かが心配して声をかけてくれると思わせるだけだ。

こんなネガティブ・パターンにはまり込んでいる人の目を覚まさせるには、相手が思っても

いなかった対応をするのがよい。くすぐってみるとか、無視するとか、面と向かってガミガミ怒鳴りつけるとか。

きっと相手はどう反応したらいいのかわからず、混乱し、あるいは笑い出すかして、新しい視点を手に入れられるかもしれない。

もちろん、誰でも話し相手になってくれる友と呼べる人が必要だ。親身になって耳を傾けてくれる人に、つらさや悲しみを打ち明けずにはいられないこともある。

だが、私が言いたいのは、**パターンにはまって堂々巡りになると、自己破壊につながる**ということだ。パターンが固定化すればするほど、その弊害は大きい。

こんな〝軟派な学説〟はハナから無視

一つの考え、態度から抜け出せない人は、誰かがバットで打ってくれるのを待っている紐のついたボールのようなものだ。人生の主導権は自分が握っていることがわかれば、どんな現状も必ず打破できるだろう。

私たちはこれまで自分の行動や精神状態、感情を自分でコントロールするのはむずかしいと教え込まれてきた。少年期のトラウマやホルモンの影響などから逃れる術はないという精神医

学の学説を信じ込んでいる。しかし、ネガティブなパターンは一瞬にして中断できる。すると人生は劇的に変わる。次に例を紹介しよう。

リチャード・バンドラーとジョン・グリンダーは、パターン中断法の名人として知られていた。バンドラーはある精神病院で、「自分は（比喩的にでもなく、精神的にでもなく）イエス・キリストその人なのだ」と主張する男性患者の治療に当たることになった。

ある日、バンドラーがこの男を診察し、「あなたはイエスですか」と尋ねると、男は「そうだ、息子よ」と答えた。「すぐ戻ってきますから」と言って、バンドラーは当惑顔の男を残して立ち去った。

三、四分してバンドラーはメジャーを持って戻ってくると、男に両手を広げるように言い、その長さと頭からつま先までの長さを測った。それからバンドラーはまた立ち去った。

自分はキリストだと言い張る男は、だんだん不安になってきた。しばらくすると、バンドラーは金槌と大きな釘《くぎ》と何枚かの板を持って戻ってきた。そしてそれで十字架をつくり始めた。

男は尋ねた。「何をしているのだ」。バンドラーは、十字架に最後の釘を打ち込みながら、「あなた、イエスなんでしょ」と言った。すると男はまた「そうだ、息子よ」と答えた。

バンドラーは、「それなら私がなんでここにいるか、よくおわかりでしょう」と言った。すると男は、急に自分が本当は誰だったかを思い出し「俺はイエスじゃない、イエスじゃない！」

と叫び出した。

これにて一件落着。

〝お茶を濁す生き方〟から足を洗う

パターン中断は、ビジネスの世界でも有効な技術だ。

ある重役は、工場の従業員の勤務態度を一新するためにこれを利用した。彼は重役に就任すると、工場に出向いた。ところが、完成した製品はまったくの不良品だった。激怒した重役は、今後も製品の出来を抜き打ちでチェックしに来るとも言った。

このニュースはまたたく間に工場全体に広まり、いい加減な仕事でお茶を濁していたそれまでの仕事ぶりが一変した。

パターン中断は、政治の世界ではとくに便利なものだ。ケビン・ライリー議員は、州立大学の予算を増やしてもらおうと、議会の会期中ずっとロビー活動に励んだ。ところが予算は据え置きになり、彼の努力は水泡に帰した。

彼はこの結果を批判する演説で、ルイジアナは混迷した状態にあるため、破産申告し、合衆国から脱退し、海外から援助をあおぐべきだと主張した。

「ルイジアナは、文盲率や未婚の母といったけっこうな分野ではトップクラスだが、教育レベルは最下位である」

このような発言に、初めのうちは批判の嵐が巻き起こった。というのも、それまでの〝常識的な演説〟とはかけ離れた内容だったからだ。

しかし、ほどなくして彼はちょっとした英雄になった。たった一度の演説で、教育財政に関する州政府の方針を変えさせたからだ。政治に情熱を傾け、人生のすべてをかけたとしても、それだけの成果はなかなか上げられるものではない。

日々の生活にも、パターン中断というショック療法は応用できる。

たとえば、議論を戦わせるうちに、議論が一人歩きを始め、論点が曖昧《あいまい》になってしまうことがある。それでも私たちはますます激昂《げっこう》し、熱くなり、相手を言い負かすことだけを目指すようになる。

このような議論は人間関係を破壊してしまうこともある。後になって、なぜあんなにむきになったのかといぶかしく思ったりするものだが、議論の最中はそんな考えは微塵も浮かばない。

にっちもさっちもいかなくなった時、どうすればパターンを中断することができるだろうか。パターンを中断する方法を自分で考え、どのような状況で活用すればいいか、考えてみよう。

つねに〝力ずく〟よりはうまい方法がある

本章には、これまで常識とされてきたこととは矛盾する点が二つある。一つは、「言い負かす」よりも「相手を受け容れる」ことで相手を説得しやすくなるということだ。現代社会では競争が良しとされ、勝ち組と負け組がはっきりと区別される。

ところが、コミュニケーションについて知れば知るほど、競争モデルには限界があることがわかってきた。ラポールの持つ不思議な力を利用すれば、これまでのような苦労もなく相手を説得できる。

もし、相手は自分のライバルで、負けられないと思えば、最初から正反対のポジションをとらざるを得ない。しかし私の知るかぎり、対立点にフォーカスするよりも相手に合わせつつ、うまく誘導すべきである。決して相手の反感、抵抗を力でねじふせてはならない。

ただ、言うは易し、行なうは難しである。しかし、常にそういう意識を持っていれば、コミュニケーションのパターンを変えることは可能だ。

二つ目は、人間の行動パターンは脳に刻み込まれているわけではないということだ。〝型にはまった生き方〟から抜け出すには、それまでの行動パターンを中断し、新しいことを始める

だけでいい。

人間は、トラウマに支配されたロボットではない。いやだと思うことを自分がやっているのに気づいたら、ただそれを変えさえすればいい。聖書にも、「私たちは……みな変えられるのです。（終わりのラッパとともに）たちまち、一瞬のうちにです」と書いてある。

どちらにも共通しているのは柔軟性だ。解けないパズルを前にして、同じことを繰り返していても、結果は出せない。問題を解決するには、状況に応じて自分を変え、適応し、実験し、新しいことに挑戦しなければならない。

柔軟性が高ければ高いほど可能性は広がり、より大きな成功を収めることができるのだ。

10

「新機軸を打ち出す」のが上手い人

足音について考えてみよう。「足音にはどういう意味がありますか」と聞かれても、「私にとってはとくに意味はありません」と答えるしかないだろう。

しかし、こういう場合はどうだろう。

真夜中に一人で家にいる時、階下で足音がした。しかもその足音がだんだん近づいてくる。こうなると、足音は大変な意味を持ってくる。

たとえば、階下で聞こえる足音は帰宅したご主人のものだと思う人もいるだろう。以前に泥棒に入られた経験のある人なら、侵入者の足音だと思うだろう。

このように、同じ足音を聞いても、とらえ方によって答えはまったく違ってくる。そして、成長し続ける人生を送りたいのであれば、いつも「最善の結果」が約束されているととらえ方をすることだ。

このように、「認知の枠組み」を変えるプロセスを、NLPでは「リフレーミング」と呼ぶ。

“とんだ災難”は「千載一遇のチャンス」にも——

次ページの上部にある図形を見てほしい。あなたには何に見えるだろうか。

帽子を縦にしたところ、怪物、下向きの矢印等々。思いつくままに、何に見えるか言ってみ

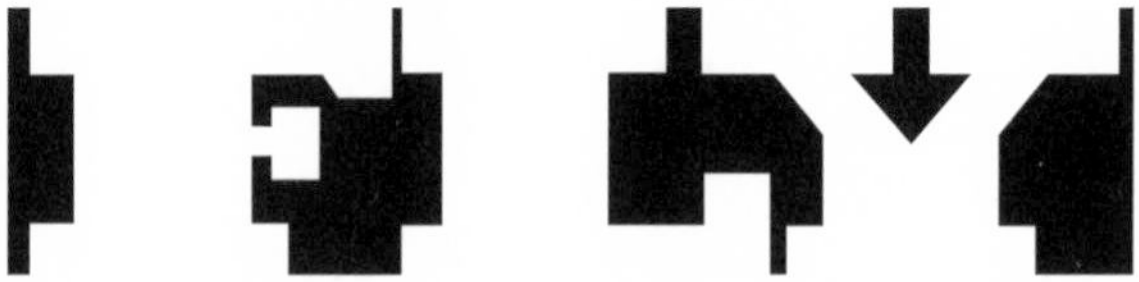

よう。

これを見て、「ＦＬＹ（飛ぶ）」という文字が見える人もいるだろう。実は、この図形は自動車に貼るステッカーのデザインだったのだ。それがわかっていれば、「ＦＬＹ」の文字がすぐ見えただろう。

しかし、これが文字だと気づかないうちは、「ＦＬＹ」という文字は浮かび上がってこないはずだ。「文字は白地に黒で書かれている」という認識にとらわれていれば、いつまで経っても「ＦＬＹ」という文字は見えてこない。

人生においても同じだ。私たちの周りには、人生の目標を達成するためのチャンスがゴロゴロしている。型にはまった認識パターンから一歩踏み出せさえすれば、視点が変わり、「最悪の事態」が「最大のチャンス」にも変わる。

あなたが日々出会う出来事には、本来何の意味もない。

災難と思うか、千載一遇のチャンスととらえるかは、見る人の見方次第だ。あなたにとってはつらい頭痛も、医薬品会社のセールスマンには歓迎すべきものだったりする。

人間は経験に特別な意味を付加したがる。そして、ある出来事を意味づけする時には、過去の経験に基づいて行なうことが多い。もし習慣として身につい

た認識のパターンを変えられるならば、人生の選択肢ももっと広がるだろう。

忘れてはならないのは、「認識」は創造的なものだということだ。もしある状況を〝障害〟と認識すると、脳は実際にそういう状況をつくり出す。ところが、同じ状況をチャンスと見れば、自分の対応も変わるはずだ。

同じ経験であっても、イメージや認識のしかた次第で、精神状態や行動が一瞬にして変化する。これがリフレーミングの神髄である。

〝新機軸を打ち出せる人〟に共通すること

さて、リフレーミング（認知の枠組みを変えること）には**「状況のリフレーミング」と「意味のリフレーミング」の二つがある。**

「状況のリフレーミング」とは、「状況を置き換える」ことで経験や出来事の意味づけを変えるテクニックである。

童話には、「状況のリフレーミング」の例がいっぱい詰まっている。

赤鼻のトナカイ、ルドルフはみんなにからかわれていたが、「暗い雪の夜」という状況では、その鼻が大いに役立った。

また、みにくいアヒルの子は、他のアヒルと違う容姿のためにつらい思いをするが、「成長した暁」には白鳥としての美しさを享受できた。

新機軸を打ち出すのは、「状況のリフレーミング」を熟知している人たちである。

たとえば、少し前まで製材所では大量のおがくずの処理に苦労していたが、一人の男の着眼点は傑出していた。

彼はおがくずを接着剤と液体燃料と混ぜて圧縮し、プレストログという燃料材を開発した。製材所から「無用の長物」だったおがくずをすべて引き取る契約を結び、無料で原料を手に入れ、二年後には数百万ドル規模のビジネスを始めた。

これこそ起業家というものだ。リフレーミングのエキスパートとも言える。

一方、**「意味のリフレーミング」とは、ある経験の意味づけを変えてしまうことである。**たとえば、うちの息子はものすごいおしゃべりで、話し出したら止まらないと、あなたが訴えたとしよう。

しかし、意味のリフレーミングによって意味づけを変えると、「それだけ話したいことがあるのだから、彼は非常に知的レベルが高いに違いない」と言い換えられる。

有名な陸軍大将にまつわる話を紹介しよう。敵の猛攻撃を受けている部隊に向かって、こう言い放ったのだ。

「我が軍は退却するのではない。反対方向に向かって進軍するのだ」

また、近しい人が亡くなると、普通の人は悲しみと喪失感を抱く。しかし、死は次の段階へ進むための卒業式のようなものだと考える文化もある。彼らにとって死はまったく悲しむべきものではない。

意味のリフレーミングは、見聞きしたことを、実際とは違うように認識する時にも使える。

たとえば、誰かに不愉快なことを言われたら、その人の声が自分の大好きな歌手の声だと想像してみたり、いやなことを言った人の周りを自分の好きな色で塗りつぶしてみたり。そうでなければ、最初から相手が違うことを言ったことにしてしまう。

頭の中でその状況を追体験して、相手に謝罪の言葉を言わせることもできる。

あるいは、相手がしゃべっているところをずっと上のほうから見下ろしているところを想像するのもよい。

たとえいやな言葉を投げつけられたとしても、**リフレーミングの技術を応用すれば、脳はそこから違う意味をくみ取るため、精神状態と行動も変わってくる。**

本書には、リフレーミングについての話がちりばめられている。4章「『成功者のメンタリティ』七つの法則」などは、すべてがリフレーミングに関する章である。

「特別な目を持つ少年」が教えてくれること

先日、『ボルティモア・サン』紙に感動的な記事が載っていた。『リーダーズ・ダイジェスト』にも採録されたものだが、タイトルは「特別な目を持つ少年」だ。

主人公は、カルビン・スタンレーという少年だ。カルビンは自転車にも乗るし、野球もするし、学校にも通うし、十一歳の少年がやることはほとんど何でもできる。ただ目が不自由なだけだ。

目が不自由なために人生をあきらめたり、悲嘆にくれたりする人が多い中、この少年はなぜ活発な人生を送っているのだろうか。

記事を読むと、実はカルビンの母親がリフレーミングに長けていることがはっきりした。彼女は他の人なら「限界」ととらえるところを、カルビンにとって「挑戦」となるようにリフレーミングしていたのだ。少なくともカルビン自身はそう考えていた。

いくつか例を挙げよう。

ある日、母親はカルビンに「どうして自分は目が見えないのか」と質問された。

「『あなたは生まれつき目が見えなかったのだし、誰のせいでもないのよ』と答えました。す

るとカルビンが、『どうして僕が？』と言うので、『わからないわ。きっと何か特別な意味があるのよ』と言いました」

そして彼女は息子を座らせて、こう続けた。

「あなたも見えているのよ。ただ目の代わりに手を使っているの。覚えておいてね。あなたにできないことなどないのよ」

ある日、カルビンは自分が母親の顔を見ることができないと気づいて、とても悲しくなった。記事は続く。

「しかし、スタンレーさんには息子に何と言えばいいかわかっていた。『あなたにだって見えるのよと、私は言いました。手を使って見ることもできるし、声を聞いて見ることもできるの。それに目が見える人よりも何倍もお母さんのことをよく知っているじゃないの』」

こうしてカルビンは、信じる心と、母親の支えがあるという安心感に裏打ちされた揺るぎない自信によって、健常者の世界に足を踏み入れたのだった。カルビンはコンピュータ・プログラマーを目指しており、将来は目の不自由な人のためのプログラムの設計に携わりたいと考えている。

世の中にはカルビンのような人がたくさんいる。となれば、カルビンの母親のようにリフレーミングの技術に長けた人がたくさん必要だ。

幸運なことに、私は最近、また別のリフレーミングの達人と出会うことができた。彼の名前は、ジェリー・コフィー中佐という。彼はベトナム戦争で捕虜になり、独房で過ごした七年間、精神を正常に保つためにリフレーミングを行なった。

コフィーは捕虜になったことを、自分をよく知り、強さを試すチャンスだと考えた。それは神に少しでも近づくための道でもあった。いつの日か、きっとこの時の自分のことを誇りに思うだろう。

捕虜の体験を「自分の強さを試すチャンス」と意味づけしたことで、彼は過酷な体験を人間的成長としたのである。そして、それまでとはまったく違う、大きな成長を遂げて帰還した。その時の経験は、何物にも代え難い貴重なものだったと彼は言う。

失敗を〝足かせ〟ではなく「ジャンプ台」として生かす人

この一年間を振り返って、自分がした最悪最大の失敗のことを思い出すと気が滅入るだろう。しかし、それはただの失敗ではなく、さらなる成功の糧となる貴重な経験だったということもあり得る。よく考えてみれば、他のどんなことよりも、その失敗から学んだことのほうが大きかったことに気づくかもしれない。

成功するための秘訣の一つは、リフレーミングによってどんな経験も学びの機会として有効に活用することだ。経験を「足かせ」ではなく、「ジャンプ台」として生かすのだ。

皆さんにも、どうしても意味合いを変えることのできない経験や、自分の存在の一部となっている困った行動があるだろう。

行動があなたをつくっているのか、それともあなたが行動を牛耳っているのか。本書で繰り返し強調しているように、人生の主導権を握っているのはあなたなのだ。

たとえば、次のような状況をリフレーミングするにはどうしたらいいか、考えてみよう。

1 上司が四六時中、私を怒鳴りつけるんです。
2 去年よりも四千ドルも多く所得税を払わなければなりません。
3 今年はクリスマスプレゼントを買う余裕がほとんどありません。
4 もう少しで成功しそうになると、自分で自分の邪魔をしてしまうんです。

リフレーミングを使えば、次のように返事ができるだろう。

1 上司があなたに率直な気持ちをぶつけてくるのは悪いことではありません。有無を言わせ

ず首にすることだってできるんですから。

2 すごいですね。今年はずいぶん収入が増えたのですね。

3 それはよかった。ただ店で売っているものを買うのではなく、手づくりのプレゼントをあげればいいのです。心のこもったプレゼントをもらった人は、いつまでも覚えていてくれるものです。

4 自分の行動パターンをしっかりと把握しているのは、けっこうなことです。どうしてそうなるのかがわかれば、次からは違った結果を得られるでしょう。

〝土俵を設定する人〟がビジネスの主導権を握る

リフレーミングは、コミュニケーション手段として最高の技術である。

営業を例に考えてみよう。**相手を説得する時は、枠組みを決める人、つまり最初に土俵を設定する人に主導権がある。**広告業界であれ、政治の世界であれ、大きな成功と言われるものは、巧みなリフレーミングによって実現したものが多い。リフレーミングは人々の認識、イメージ、感じ方、そして行動のしかたを変えるのである。

多くの場合、リフレーミングは自分以外の誰かがしてくれるものだ。私たちは誰かがリフレ

ーミングした枠組みに対して反応するだけだ。広告などはその最たるものである。

ペプシコーラは、広告の世界でもっとも印象的なリフレーミングに成功した会社である。コーラといえばコカコーラという時代が長く続いていた当時、歴史と伝統と市場シェアのすべてにおいてコカコーラは突出していた。コカコーラの仕切る土俵の上で、ペプシにできることは何もなかった。

そこでペプシは、消費者の認識をリフレーミングし、形勢を逆転させた。ペプシ世代という概念をつくり上げ、「ペプシの挑戦」を宣言し、弱点を長所に変えてしまった。

「連中は王様気取りだけど、時代は変わったんだ。昨日のコーラと今日のコーラだったらどっちがいい?」

ペプシの広告は、「コカコーラは古くさい」という印象を消費者に与えた。さらに、「伝統にとらわれないペプシ」というイメージを打ち出したのである。

その結果、コカコーラも最終的にはペプシと同じ土俵で戦わなければならなくなり、いささか矛盾した印象を与える「ニューコーク」という商品を発売したのである(訳注:ニューコークは発売後一カ月で生産中止となる大失敗に終わった)。

こうしたプロセスはリフレーミングの古典的な例である。なぜなら、両者の戦いは〝イメージの戦い〟に他ならないからである。消費者の脳に刻み込まれるのは、「どちらのコークのイ

メージがカッコいいか」であって、コカコーラよりもペプシの味のほうが本質的に優れているという問題ではない。

だが、イメージ戦略に長けたペプシは、マーケティングの分野では近年希に見る大当たりをとったのである。

「長所」に光を当てると「欠点」は目立たなくなる

自分自身とのコミュニケーションより、他人とコミュニケーションをとるほうが、リフレーミングしやすいと感じる人は多い。

たとえば、あなたが車の営業マンなら、自分が扱っている車の長所を強調し、欠点は目立たなくなるようなイメージを客に伝えるだろう。

ところが、自分とのコミュニケーションの場合は、そんな努力をしない人がほとんどだ。

本当は、顧客に商品を売り込む時と同じように、自分に対しても、明確な目的と方向性と説得力のあるコミュニケーション法を身につける必要がある。自分にプラスになるイメージをつくらなければならないのだ。

失恋を経験した後は、誰でも弱気になる。ふられて、傷つき、深い関係になるのはもうこり

ごりだと思う。つき合っていた頃の楽しかった思い出を消去し、つらい思い出ばかりを強調すると、恋愛へのイメージは最悪になる。しかし、楽しかったことや、その恋愛から学んだこと、自分の成長などに注目してみれば、前向きな気持ちになり、次の恋愛ではすてきな関係を築く力を得られる。

ここで、しばらくあなた自身の課題となっている点について考えてみよう。何通りの観点から、その課題を意味づけできるだろうか。見方を変えることで、何か学ぶべきことがあったか。その結果、自由な気持ちになったか。

「そう簡単にはいかない。落ち込んでしまって、そんな気になれない」と言う人もいるだろう。ある経験の意味づけを変えるには、気の滅入る経験を思い出した時に感じる臨場感を断ち切り、見方を変えることである。それができれば、内面的イメージも身体の状態も変えられる。自分が能力を発揮できない状態にあるなら、今こそ内面を変える時だ。

"意味づけのしかた"でストレスフリーの人生が！

リフレーミングを成功させるには、経験や行動の意味を変えることだ。

たとえば、誰かの行動を見た時、それが気に入らず、そこには何か特別な意味があるに違い

ないと考えることがある。

料理好きな男性がいたとしよう。彼は自分の料理を妻にほめてもらいたいと思っている。それなのに、食事中、妻が何も言わなかったら、夫は気分を害するだろう。

料理がおいしければ、妻はそう言うべきである。何も言わないということは、きっと気に入らないのだ。妻の行動をこう理解した夫の認識を変えるにはどんなアドバイスをしたらいいだろう。

夫にとって重要なのは、自分の仕事（料理）を正しく評価してもらうことだ。だから、「妻が黙っているのは料理がまずいからだ」という認識を、「料理があまりにもおいしいので、妻はしゃべる時間も惜しんで食べているのだ」と、夫にそっと教えてやればいい。「行動がすべてを物語る」というわけだ。

もう一つのやり方としては、たとえば、「料理を心から堪能している時、あなた自身、口数が少なくなりませんか。そういう時は、あなたの中では何が起こっていますか」という質問を投げかけてみるといい。夫の認識をほんの少し変えるだけで、夫は妻の行動が気にならなくなるはずだ。

また、自分が改善したいと思っている行動をリフレーミングする時には、その行動が役に立つ状況が他にないか、考えてみることが必要になる。

たとえば、販売員の場合、いろいろ勉強して、自分が担当している商品のことは一から十まで頭に入っている。ところが、いざ売場で客に商品の説明をしようとすると、情報が多すぎてかえって客を混乱させてしまう。

ここでの問題は、そのようなやり方が歓迎されるのはどういう状況かということだ。広告コピーや商品の取扱説明書を書く時は役に立つだろう。

つまり、行動そのものが問題なのではなく、どこでそれを生かすかが問題なのだ。自分自身を振り返って、同じような例を挙げてみよう。

人間の行動は、必ず何かの役に立つものだ。何でも先送りにするのはビジネスでは困ったやり方だが、たとえば、怒りや悲しみをぐずぐずと先延ばしにしているうちに忘れられれば、それはそれで悪いことではない。

〝悪習をキッパリ断つ〟ためのリフレーミング法

悩みの種になっているイメージや経験をリフレーミングする練習をするのもいい。

たとえば、癪《しゃく》にさわる人や出来事について考えてみよう。仕事から疲れて帰宅しても、頭に浮かぶのは帰り際に上司から任された愚にもつかないプロジェクトのことだ。

気にしないでおこうと思うのだが、家に帰ってもイライラが募るばかり。子どもとテレビを見ていても、能なし上司と馬鹿馬鹿しいプロジェクトのことを考えると腹が立ってくる。

みじめな気持ちのまま週末をだいなしにするよりは、少しでも気分が晴れるように、意識を変えるべきだ。

最初は、自分をそこから切り離してしまおう。上司の姿を思い浮かべ、そのイメージを自分の手で持ち、へんちくりんなメガネとちょび髭《ひげ》をつける。アニメのキャラクターのようなおかしなキーキー声で、君の助けがどうしても必要だ、頼まれてくれと、あなたに懇願するのが聞こえる。けっこうかわいいもんじゃないか。

これだけ遊ぶと、実は上司もかなりストレスを感じていて、あなたに頼むのを夕方まで忘れていたのかもしれないと思えるようになる。自分にも、他の人に同じようなことをした覚えがある。こんなことで週末をだいなしにするなんて、それだけの価値があることなのか、よく考えたほうがいい。

私は決して、こういう問題が非現実的なものだと言っているわけではない。失業するわけにはいかないし、仕事をするなら、連絡は密に取らなければならない。だが、そのような時でも、問題に正面から取り組むならいいが、得体の知れない憂鬱感にとりつかれ、家族にいやな思いを伝染させてはいけない。

何度か練習して、うまくできるようになると、面と向かって上司の顔を見ても、へんちくりんなメガネとちょび髭が見えるようになり、話し方も違って聞こえる。そうなると、上司のほうもあなたに対して違った印象を持ち、今までの力関係がくずれ、受け答えも変わってくるはずだ。

私はこうしたやり方で、いつも重大な問題に対処したり、否定的な感情を解消したりしている。中でも一番効果的なのは、劇場にいるところを思い描くやり方だ。問題の経験を映画のようにスクリーンに映し出してみる。最初はおもしろおかしく早送りで見る。ＢＧＭはサーカスの陽気な音楽がいい。

次は、巻き戻しをしながら見る。反対向きに動くところは実に馬鹿馬鹿しい。このやり方を身につけると、今まで心に重くのしかかっていた出来事が、だんだんどうでもいいことに思えてくるだろう。

〝肺に発ガン物質を吸飲する〟ために煙草を吸うのではない

リフレーミングで忘れてはならないのは、人間の行動はすべて何らかの目的があるということだ。たとえば「肺に発ガン物質を吸飲するため」に煙草を吸う人はいないが、リラックスす

るために吸う人は多い。

このように、「自覚していない目的」を明らかにできれば、より洗練されたやり方で欲求を満たすことはできる。

もし、あなたが禁煙したいが、苦しい思いをするのはいやだとする。そして、煙草を吸うとリラックスでき、自信が湧き、集中できるというなら、同じような効果があって、より洗練された行動を考え出せばよいのだ。

また、どうしても食べ過ぎを抑えられなければ、過食は改めるべき行動だとはっきりと認識した上で、自分の無意識の部分に問いかけ、過食にどのようなメリットがあったのかを教えてもらう。もしかしたら、食べることで孤独感をまぎらわせていたり、安心感を得ていたりして、リラックスできていたのかもしれない。

次に、孤独感を解消してくれるものや、安心とくつろぎを与えてくれるものを新たに三つ考える。

ヘルスクラブの会員になるのもいい。ヘルスクラブではいろいろなイベントがあって、他のメンバーと親しくなれるチャンスも多い。友だちと過ごす時間は安心して楽しめる上に、減量できる。自分のルックスも良くなるという確信が、さらなる安心感を生む。あるいは、瞑想を通じて宇宙との一体感を得ることもできる。それは食べ物によって得ていた安心やくつろぎに

勝るだろう。

食べるという行為の代わりになる行動を考えついたら、今度はそれに一貫性があるかどうか確認する。つまり、全身全霊でその新しい行動を受け容れられるかということだ。一貫性があると感じたら、食べ物に頼らずとも、その行動によって安心やくつろぎを得られるだろう。

あとは実行あるのみだ。無意識の部分を明らかにすることで、誰でも簡単に自分の力で新しい選択肢を手に入れられるのだ。

一見すると不幸な経験も、リフレーミングによって必ず肯定的なものに変えられる。

「時間が経てば笑って話せるようになるさ」と思うことがよくあるが、それなら今すぐに笑って話せるようになればいいのだ。

〝メリットの小さい行動〟は習慣になりにくい

人が抱くイメージはつくり替えることができるが、新しく考案した「行動」に、前の行動と同じような大きなメリットがなければ、おそらく昔の行動が復活するだろう。

たとえば、片足が原因不明の麻痺を起こしている女性がいるとしよう。このような時、私は彼女の頭の中で何が起こっており、なぜ足が麻痺しているのかを解明し、「もう足を麻痺させ

る必要はない」と脳にメッセージを送る。

普通ならば、このプロセスで足の麻痺は完治するはずだ。しかし、足の麻痺のおかげで、皿洗いや足のマッサージをしてくれていた夫のやさしさがなくなると思うと、元の状態に戻ってしまうかもしれない。

最初の数週間は、麻痺がなくなってうれしいと思うだろうが、しばらくすると、皿洗いもしなければならないし、夫も足をマッサージしてくれなくなり、あまり彼女のことを心配してくれなくなる。すると、不思議なことに、足の麻痺が再発するのだ。

彼女は決して意識的にそうしているわけではない。このような場合、夫から以前と同じようにやさしくしてもらえるような、代わりの行動を見つける必要がある。

私のトレーニングを受けた中に、八年間、目が見えなくなっていた女性がいたが、彼女は何をやらせてもうまく、精神的にも安定していた。後で気づいたのだが、この女性は実は目が見えていたのに、ずっと目が不自由なふりをしていたのだ。

いったいなぜ？ 彼女は若い頃に事故に遭い、視力が弱くなった。すると周囲の人たちが、彼女がそれまで経験したことがないほど多くの愛情を注ぎ、助けの手を差し伸べてくれた。しかも、目が不自由だと思われているので、ごく日常的なことをするだけでほめてもらえた。初めて会う人でさえ、彼女を特別扱いした。

周囲が特別扱いしてくれるので、彼女は目が不自由なままでいることにし、時々、自分は目が見えないのだと自分に言い聞かせていた。周囲からこれほど思いやりのある、愛情深い接し方をしてもらえる他の方法が見つからなかったのだ。

「目が不自由」な状態から得られるより大きなメリットのある方法を見つけないかぎり、彼女の状況が変わることはないだろう。

もう一段階上の「欲ばった可能性」を実現する法

ここまでは、マイナスの認識をプラスに転ずるためのリフレーミング法に注目してきたが、これは治療法でも、逆境からの脱出法でもない。

リフレーミングの一番の目的は、自分の可能性を最大限に引き出すことである。

人間誰しもマンネリに陥り、そこそこの結果しか得られない時もある。しかし私たちには「めざましい結果」を出す力が備わっているのだ。

そこで、次に挙げる練習をやってみよう。

今携わっていることの中で、かなり満足な結果を出せているものを五つ選ぶ。人間関係についてでもいいし、仕事のこと、子どものこと、懐具合のことでもいい。

そうしたら、さらにうまくいっているところを想像する。数分間、そのことを考える。たったそれだけで、あなたの人生は驚くほど劇的に向上していく。必要なのは、可能性を見逃さない柔軟性と行動を起こす力である。

リフレーミングは、よりすばらしい結果を生み出すための効果的なツールの一つである。リーダーやコミュニケーションの達人は、リフレーミングの技術にも長けている。彼らはどんな出来事にも可能性を見出し、人々を奮い立たせ、能力を引き出す。

ＩＢＭの創立者、トム・ワトソンについての有名な話がある。

彼の部下が、会社に一千万ドルの損失を与えるような大きなミスを犯した。ワトソンのオフィスに呼ばれた部下が、「辞表を提出しろとおっしゃるんですね」と尋ねると、ワトソンは言った。

「何を馬鹿なことを。君の教育のために一千万ドル注ぎ込んだばかりなんだぞ」

どんな出来事にも必ず学ぶべきことがある。最高のリーダーは、学ぶべきことを学び、経験や出来事をリフレーミングして、自分の能力を引き出すような意味づけをする。それは政治、ビジネス、教育、そして家庭生活すべてに応用できる。

人生は解釈次第で無限の可能性が開けてくる。

どんなに見通しは明るくても、必ず不安材料はある。どんなにやる気が起きず、効率が上が

らなくても、きっと効果的な方法はある。

気に入らないことがあるなら、変えればいい。自分で自分の足を引っ張るようなことをしているなら、やり方を変えればいい。

次章では、必要だと感じた瞬間に有益な行動を引き出す方法を学ぼう。

11

「つねに最高の自分」を引き出すプログラミング

星条旗を見ると鳥肌が立つ人がいる（私もその一人だ）。考えてみれば奇妙な反応である。星条旗といっても、要はきれいな色のついた布きれにすぎず、何か不思議な力が宿っているわけではない。

しかし、たしかに星条旗はただの布きれだが、アメリカという国の美徳や特質を余すところなく示しているとも言える。星条旗は、私たちの国が標榜《ひょうぼう》するものすべてを力強く、高らかに歌い上げるシンボルに見えるのだ。

いい意味で〝パブロフの犬〟になる

国旗はもちろん、私たちの周囲には、さまざまな感覚を刺激するきっかけがいろいろある。ある言葉や言い回し、感触が何かと強く結びつき、私たちの五感に働きかけてくる。するとたちまち力が身体に満ち溢れてくる。

星条旗を見た時に愛国心やさまざまな感覚が湧き上がってくるのは、そういう感覚と星条旗の色や意匠が分かち難く結びついているからなのだ。

世の中にはいろいろな結びつきがある。深遠なものもあれば、取るに足りないものもある。たとえば、私が「スカッとさわやか」と言えば、皆さんは反射的に「コカコーラ」と続ける

だろう。本当にさわやかだと思っているかどうかとは関係ない。

同じようなことは、あちらこちらで起こっている。たとえば、会ったとたんに楽しくなる人もいれば、うんざりする人もいる。ある歌を聞くと、決まってある精神状態になる。それはすべて何らかの「きっかけ」によって引き起こされているのだ。

つまり「きっかけ」という起爆装置があれば、どのような状況であっても、望みどおりの精神状態をつくり出せる。言い換えると、**特定のきっかけによって、いつでも決まった反応が起こるようなアンカリング（条件づけ）をしておけば、いつでも確実に能力を発揮できるのだ。**

「パブロフの犬」がそのいい例だ。餌を前にしてよだれを垂らす犬に繰り返しベルの音を聞かせると、ベルの音を聞いただけで、犬はよだれを垂らすようになる。

人間もしかり。人間の行動の大半は、無意識のうちにプログラムされた反応である。

たとえばストレスを感じると、煙草や酒、麻薬に手を出す人がいるが、それはよく考えた上での行動ではない。彼らはできるものならそのような悪習は断ち切りたいと考えているが、パブロフの犬と同じで、無意識のうちにプログラムされているので、自分ではコントロールが利かない。

ここで重要なのは、自分の行動を意識し、ストレスを感じると煙草や酒に手を伸ばすという条件反射を断ち切ることだ。そのためには「ストレス」を感じた時、他の何か有益なことと結

びつければいい。

そこで、アンカリング（条件づけ）を行なう方法だ。

人間が心身共に打ち込んでいる状態になって、最高潮に達したところで必ず同じ刺激が与えられると、その刺激と心身の状態が結びつけられる。すると、その刺激を受けた時は、必ず自然に心身共に打ち込んだ状態になれるのだ。

国歌を歌い、気持ちの高まりを覚えつつ、星条旗を目にする。忠誠の誓いを暗唱しながら、星条旗を見る。

やがて星条旗を見ると、それがきっかけとなって感情が高まってくるのである。

アンカリングの効果は、その経験が心にどれくらいのインパクトを与えたかによって異なる。妻（夫）や上司と喧嘩をした時のように非常に不愉快な経験をすると、相手の顔を見るたびに沸々と怒りがよみがえってくる。ビートルズの歌と楽しい夏の思い出が結びついていれば、生涯を通じてその歌を聴いただけで思い出がよみがえる。アップルパイのチョコレートアイスクリーム添えを二人で分け合った時のデートが最高だったと思えば、そのメニューが大好きになったりする。

アンカリングのほとんどは偶然の産物である。私たちの周りは、来る日も来る日もテレビやラジオから流れてくるメッセージで満ち溢れている。しかし、そのすべてが何かのきっかけと

して認識されるわけではない。

自分が充実した精神状態の時に何らかの刺激を受けると、その良し悪しにかかわらず、強力な結びつきが形成される可能性は高くなる。

ヒトラーも悪用した究極の〝心を操る技術〟

歴史を振り返ってみると、大きな影響力を持った指導者は、アンカリングのしかたが巧みだった。

政治家が国旗を振りかざすのは、国旗の持つ強力なアンカリングの効果を利用しようとしているからだ。国旗から想起される愛国心をはじめとするあらゆる前向きな感情を自分とうまく結びつけられれば、一気に大衆の心をつかむことができる。

そしてアンカリングは、悪用すれば群衆の持つ恐ろしさを引き出すことがある。ヒトラーはアンカリングの天才だった。彼は人々を緊張状態に置き、「ハイル」と言いながら腕を上げる独特の動作をさせた。こうしてヒトラーは国民の感情を操作し、国際情勢やその動静を支配したのである。

リフレーミングに関する章で、同じ刺激であっても、状況によって持つ意味が違うことがあ

ると述べた。アンカリングは、プラスにも、マイナスにも働く。

ヒトラーは、党員に対しては、ナチスのシンボルと、前向きで力強く、自信に満ちた姿勢とを結びつけて見せた。反対に、敵対する人たちに対しては、同じシンボルを見て恐怖を感じさせるように条件づけた。

そして、ユダヤ人は、この歴史的な経験を前向きにとらえ、イスラエルを建国した。「二度と繰り返すな」と聴覚に訴えることで、数度にわたる中東戦争をくぐり抜け主権を守り抜いたのである。

また、ジミー・カーターは「アメリカ合衆国大統領」という地位から生まれる神秘性を自ら手放してしまった。就任して間もなく、彼は大統領の地位と深く結びついている華やかな式典を縮小した（たとえば、就任式につきものの行進曲の演奏を取りやめた）。

こころざしは見上げたものだったが、戦術的に考えれば、あまり賢いやり方とは言えなかった。指導者は、支持を得るための強力なアンカリングを活用することで、大きな影響力を持つからである。

そういう意味では、ロナルド・レーガンほど積極的に愛国心を前面に押し出した大統領はいなかった。レーガンの政策を支持する、しないはともかく、彼の（あるいは彼の参謀の）シンボルを巧みに操る政治手腕には、目を見張るものがあった。

こうして私は最難物との〝問答無用の値段交渉〟に成功した

私がアンカリングを最大限に生かすことに成功した例を紹介しよう。

ジョン・グリンダーと私は、アメリカ合衆国陸軍のために各種訓練法の改善に取り組んでいた。時間、価格、場所などを検討するために、司令官が担当士官との打ち合わせの機会を設けてくれた。

打ち合わせは兵舎内の広い会議室で開かれたが、テーブルの上席は司令官の席と決まっているようだった。司令官は不在だったが、その椅子が部屋の中でもっとも影響力があるように思われた。

士官たちは、最終的な決定が下され、問答無用の命令が下される場所である椅子に対して最大の敬意を払っていた。グリンダーも、私も、話しながら、必ず司令官の席の後ろに回って、椅子に触れたり、最後にはそれに座ったりもした。

私たちは、司令官のシンボルである椅子を巧みに利用することで、士官が持つ司令官への忠誠心が私たちに向かうようにした。

希望価格を提示する段になると、私は司令官の椅子の横に立ち、できるだけ決然とした態度

で、威厳を保ちながら、払ってほしい金額を口にした。

その時点まで、彼らはあれこれと値切ってきたのだが、この時は質問もされなかった。

司令官の椅子を利用してアンカリングをしたおかげで、値段交渉に無駄な時間を使わずに、正当な価格で合意することができた。交渉は私の希望どおりの結果になった。これはアンカリングを利用した高度な交渉術の例である。

多くのプロ選手たちも、アンカリングを活用している。自分ではアンカリングとは思っていないかもしれないが、基本は同じである。一発勝負ですべてが決まるアスリートは、勝負のかかった場面で能力を最大限に発揮し最高の結果を出せるようなアンカリングをしている。テニスの選手なら、サーブをする前にボールをポンポンとバウンドさせたり、一定のパターンで呼吸をしたりする。

一九八四年のオリンピックで、千五百メートル自由形の金メダリストとなった、マイケル・オブライエンを指導した際には、アンカリングとリフレーミングを行なった。

まず彼の中の限界意識を取り払い、スタートのピストルの音と、泳いでいる間はプールの底の黒い線に集中すれば、最大限の力を発揮できる状態になれるようにアンカリングをした（彼には、以前にライバルに勝った試合の時に聞いていた音楽を思い出させた）。

その結果、彼は思っていたとおりの最高の状態で泳ぐことができた。

いつでも〝自信がみなぎる状態〟をつくり出す「四つのカギ」

そこで、意識的にアンカリングを行なう具体的な方法について考えてみよう。基本的には、二つの簡単な方法がある。

まず、アンカリングしようとしている人を、目指すべき理想的な状態に導き、それがピークに達している間に独特の刺激を何度も与えるというものだ。

たとえば、笑っている人は、身体全体が調和した状態になっている。その時に、何度かその人の耳を独特の方法でつまみ、同時にある音を聞かせる。しばらくしてから、同じ刺激（耳をつまんで、音を聞かせる）を与えると、その人はまた笑い出すようになる。

自信がみなぎってくるアンカリングをするには、自分の思ったとおりにことが運んだ時のことを思い出してもらい、次にそれを追体験してもらう。そうすれば、臨場感とともにその時の身体の感覚がよみがえってくる。

その時、顔の表情や姿勢、呼吸など、生理状態にも変化が見て取れるはずだ。その状態が最高潮に達した瞬間を逃さずに、独特の刺激を何度か与えなければならない。

さらに効果的なアンカリングを行なうには、その人をもっと時間をかけずに、自信のある状

態にしてやるといい。

たとえば、自信がある時はどういう立ち方をするかを見せてもらい、彼の姿勢が変わった瞬間に刺激を与える。次に、自信がある時はどういう呼吸のしかたになるかを見せてもらい、やはり同じ刺激を与える。さらに、自信がある時は自分自身にどう語りかけるかを尋ね、実際にその時の声音であなたに語りかけてもらう。その時、また同じ刺激を与える（たとえば、相手の肩の同じ場所に、同じような触り方をするといった刺激）。

アンカリングをする時の「四つのカギ」は次のとおりである。このうちのどれかが欠けてもうまくいかない。

①効果的なアンカリングを行なうには、刺激を与える時に、心身共に調和し、充実していなければならない。そういう高揚した状態であればあるほどアンカリングはしやすく、また長続きする。

②最高潮に達した瞬間に、身体の一部に刺激を与えること。早すぎても、遅すぎても、十分に高揚した状態をとらえることはできない。いつ最高潮に達したかは、その人の状態をよく観察し、本人に最高潮が近づいてきたら教えてもらってもよい。

③身体への刺激は特別なものでなければならない。脳に明確かつ間違えようのない信号を送る必要があるからだ。たとえば普通の握手などは効果的ではない。握手はしょっちゅうするものだからだ。しかし特別な握手（握り方や手の位置が普通と違うなど）なら話は別だ。視覚、聴覚、体感覚などの複数のイメージシステムを組み合わせると、より効果的である。たとえば、相手に触れるだけでなく、同時に独特な声の調子で語りかければ、より効果的にアンカリングできる。

④アンカリングを成功させるには、身体への刺激を正確に反復しなければならない。相手をある状態にし、肩甲骨あたりのある一点を押すというアンカリングを行なったなら、別のところを押したり、あるいは押す強さを変えたりしてはいけない、そうすると、その人は刺激に反応しない。

以上の四つのルールに従ってアンカリングを行なえば、必ず効果があるはずだ。

成功が成功を呼ぶ「アンカリング」の方法

では次に、簡単なアンカリングの練習をしてみよう。

立ち上がって、やりたいことは何でもやれるという自信に満ち満ちている時の自分を思い出し、その時と同じ生理状態を再現する。

自信に満ち満ちている時の立ち方をする。その状態が最高潮に達した時、握り拳をつくって、力強く、はっきりと、「イエス！」と言う。自信に満ちている時と同じように呼吸をする。そしてもう一度握り拳をつくり、先ほどと同じように「イエス！」と言う。今度は自信に満ち溢れ、落ち着きのある人にふさわしい話し方をする。その時も、やはり握り拳をつくり、同じ言い方で「イエス！」と言う。

もしそういう経験がない場合は、そうなったら自分がどうなるかを想像してやってほしい。自信に満ち溢れ、落ち着きのある人にふさわしい生理状態になる。本書の他の練習と同様、実際に試してみてほしい。ただ読むだけではだめだ。実行しなければその不思議な力はわからない。

今日から数日間は、これを何度も繰り返してほしい。

握り拳をつくっただけで、好きな時に、一瞬にして自信に溢れた状態をつくり出せるようになるのに、それほど時間はかからないだろう。一度や二度では無理かもしれないが、繰り返し練習すればすぐできるようになる。十分に高揚した状態で、選んだ刺激が独特なものであれば、一度か、二度繰り返しただけでもアンカリングできる場合もある。

アンカリングは一瞬にしてあなたの精神状態を変える力がある。従来の積極的思考法では、いったん立ち止まって、考えなければならない。能力を発揮できる生理状態になるには、時間と意識的な努力が必要だ。ところが、アンカリングなら、一瞬にして持っている能力を呼び覚ますことが可能なのだ。

アンカリングは、「積み重ねる」ことでより効果を高められる。同じように能力を発揮できた時の経験を次々と蓄積していくのだ。

たとえば、私は空手の師範のような生理状態と姿勢をとることで、もっとも能力を発揮できる状態になれる。その状態の時なら、火の上を歩いたり、スカイダイビングをしたり、いろいろなことに挑戦して、難題を克服できた。

その結果、今ではそれと同じ拳の握り方をすると、力がみなぎってくる。私はスカイダイビングやハワイでの夜間ダイビングはもちろん、ピラミッドの上で眠り、イルカと泳ぎ、火の上を歩き、限界を打ち破り、スポーツの試合で勝った時の経験も積み重ねてアンカリングをし、成功の確率を高めていった。

これもまた成功が成功を呼ぶ一つの例である。力と能力を発揮できる状態でいることによって、力がさらに高まり、より能力を発揮しやすくなるのだ。

脳はいつも〝前向きな刺激〟を待っている

私たちの身の回りでは、絶えずアンカリングが行なわれている。

たとえば、家族の誰かが亡くなったとしよう。あなたは悲嘆にくれている。葬式に弔問客が次々と訪れ、お悔やみの言葉をかけながら、あなたの左の二の腕に軽く手を触れる。かなりの数の人が同じようにあなたに触れ、その間ずっとあなたは暗い気持ちでいたとすると、その触り方が落ち込んだ状態を引き起こすきっかけになることが多い。

そうなると、数カ月して、誰かがまったく別の状況で、同じように腕に触れただけで、あなたは落ち込んでしまうかもしれない。しかもなぜそうなるのか、あなたには見当もつかない。

あなたも突然気分が落ち込み、その理由がまったくわからないという経験があるに違いない。そういう時は、もう別れてしまった恋人が好きだった歌が遠くから流れてきていたり、誰かの目つきがそうさせているのだ。

アンカリングは、本人が意識していない時ほど効果があるのだ。

悪影響を及ぼすアンカリングに対する処置法をいくつか紹介しておく。

その第一は、反対のアンカリングを同時に行なうという方法だ。先ほどの葬式の例では、左

の二の腕への刺激がきっかけとなっていたが、右の二の腕への刺激ともっとも自信満々な状態を結びつければいい。

同時に二つの同じ刺激を受けた場合には、驚くべきことが起こる。脳はほぼ確実に、より前向きな反応を選択するのである。そのため、あなたは前向きな状態になるか、二つの刺激が互いに消し合えば中立の状態になる。

アンカリングは、親密な関係を長続きさせるにもぜひとも必要なものだ。

たとえば、私たち夫婦は常に前向きで、自信に満ちた状態にあり、それが最高潮に達した瞬間にはお互いに見つめ合っているか、触れ合っていることが多い。その結果、私たち二人の関係には前向きなアンカリングがされている。お互いの顔を見るといつでも力強く、愛情に溢れ、幸福な時間が戻ってくるのだ。

マイナス感情を撃退する簡単な方法

それとは対照的に、夫婦がお互いに相手に我慢できなくなるのは、否定的なアンカリングが原因の場合が多い。

どんなつき合いにも、相手の存在がプラスよりマイナスと結びついてしまう時期があるもの

だ。そのような状態の時に、いつも顔を合わせていると、マイナスの感情が相手と結びついてしまうので、お互いに顔を見るのもいやになる。そして相手を傷つけたり、怒らせたりする言葉をぶつけたり、そのうちに誰か他の人とつき合いたくなってくる。それも、できれば前向きな経験だけを思い出させてくれる人とだ。

ある日、妻と私が深夜にホテルにチェックインした時のことだ。駐車係もベルボーイもいなかったので、フロントにいた人に車を駐車場に入れて、ベルボーイに荷物を部屋まで運んでもらうように頼んだ。承知しましたと言うので、私たちは部屋でくつろいでいた。

一時間経ったが、いっこうに荷物が運ばれてくる気配がないので、フロントに電話をかけた。手短に言えば、荷物はすべて盗まれていた。クレジットカード、パスポート、小切手帳――しかも小切手はすべてサイン済みだった。

二週間分の旅の荷物が盗まれてしまったのだから、その時の気持ちたるや、暗澹《あんたん》たるものだった。腹が立って、気も動転している最中に、何度も妻の顔を見た。彼女もまた腹を立てていた。

十五分ほどして、私は腹を立てたところで何の足しにもならないことに気がついた。常日頃から「この世で起きることにはすべて何らかの理由がある」と信じているので、この経験からもきっと何か得るものがあるはずだと思い直した。そうやって精神状態を変えてみると、少し

気分が良くなった。

しかし十分後、妻を見ると、また腹が立ってきた。いつもの魅力的な彼女はどこへ行ってしまったんだ、いったいこれはどういうことだと、自問自答した。つまり、私は荷物を盗まれたという不愉快な感情を妻と結びつけていたのだ。

もちろん妻には何の責任もないが、彼女を見るだけで最低の気分になった。私がそのことを彼女に打ち明けると、なんと彼女も同じことを考えていたと言うではないか。となれば、おかしな結びつきは打ち壊し、一緒にわくわくできる、前向きなことをするしかない。十分後には、互いの顔を見つめながら、最高の状態になっていた。

成功するための秘訣は、消極的になったり、能力を発揮できない状況に自分を追い込むきっかけとなるものを自分の周りから取り除くと同時に、自分と周囲の人たちに前向きなアンカリングを行なうことだ。

それには、アンカリングの「きっかけ」（良いものも、悪いものも）の一覧表をつくるといい。きっかけになるのは視覚的な刺激か、聴覚的な刺激か、体感覚的な刺激かに注意しよう。そして、否定的なアンカリングは崩し、前向きのアンカリングは最大限に活用するのだ。

前向きな状態を効果的に引き出すことができれば、自分だけでなく、仕事仲間をはじめとする周りの人々を鼓舞し、気持ちを明るくしてやれる。その時、特定の触り方や話し方、声の調

子でアンカリングすること。

すると、いつでもやる気のある状態を引き出せる。仕事ぶりも良くなり、会社の業績も上がり、みんなが幸福になれる。あなたにはそうするだけの能力がある。

本書で紹介した技術を二つでも三つでも身につければ、驚くほどの相乗効果が得られる。静かな池に石を投げ込むと、さざ波が立つように、これらの技術を使えば、成功が成功を生むようになる。

私はあなたが人生のあらゆる場面でこの技術を活用することを望んでいる。私が空手の型によるアンカリングによって成功体験を積み上げていったように、皆さんも一つひとつの技術を学び、自分のものにし、活用するたびに、持てる力をさらに伸ばすことができるのだ。

12

富と成功「五つのカギ」

さて、これで皆さんは人生を思いのままに操るための手段を手に入れたことになる。内面的イメージを形成し、成功とパワーを手に入れるための精神状態をつくり上げる能力も手に入った。しかし、能力はあっても、それを使いこなせるかどうかはまた別の話である。

私たちは往々にして的確な行動ができなくなる場合がある。道には曲がり角があり、川には早瀬があるように、人は何度も人生に足をすくわれる。可能性を開花させ、夢の実現をはばむようなことが絶えず起きている。

しかし、危険がどこに潜んでいるのか、そして危険を克服するにはどうすればいいかを示す地図がある。

私はそれを「富と成功を呼び込む五つのカギ」と呼ぶ。持てる力を余すところなく活用し、できることはすべてやるつもりなら、これをぜひ理解してほしい。いずれにせよ、成功するべき人は、遅かれ早かれ知ることになるだろう、五つのカギをいつでも駆使できれば、成功は揺るぎないものになることを。

人生は〝自分で決めた値段〟にしかならない

最近、ボストンでセミナーを開く機会があった。セミナーが終わって、私は真夜中のコプリ

ースクエアを散策し、近代的な高層ビルや建国以来の古めかしい建物を見て歩いた。すると向こうから男がふらふらとこちらに近づいてくるのに気がついた。どうやらホームレスらしく、酒の匂いをプンプンさせ、何カ月も髭を剃《そ》っていないようだった。

きっと金をせびられるに違いないと私は思った。案の定、男は近づいてくると、「だんなさん、二十五セント恵んでくださいよ」と話しかけてきた。最初、私は二十五セントといえども、恵んでなどやるものかと思った。しかし相手は困っているではないか。いずれにせよ、二十五セントで何がどうなるわけでもないので、ここはひとつ男に喝を入れてやることにした。

「二十五セント？　ほんとにそれでいいんだな」

私はポケットから二十五セント玉を取り出して、こう言った。

「二十五セントぽっきりでさ」

「人生は自分で決めた値段にしかならない」

男はきょとんとして、そそくさと立ち去った。

その後ろ姿を眺めながら、成功する人と、失敗する人の違いについて考えた。私とこのホームレスとの差はどうだ。私は人生を満喫している、いつでも、どこでも、やりたいことをやり、好きなだけ好きな人と一緒にいられる。

彼はおそらく六十歳を過ぎているのに、路上生活をし、他人からの施しで生きている。私は

誰かに、「ロビンズ、君は真面目な男だから、夢のような生活を送らせてやろう」と言われたわけでもないし、人にはない能力や長所を誰かから与えられたわけでもない。酒に溺れたり、ホームレスになったりしたことはないとはいえ、私もかつてはあの男と同じような最悪の状態に陥ったこともある。

成功と失敗の分かれ目は、ある意味では、私が彼に言った言葉が示している。人生は自分が求める分しか与えてはくれないのである。二十五セントでいいと思えば、二十五セントしか手に入らないし、圧倒的な成功を手に入れたいと思えば、手に入れられるだろう。

私はこれまでの経験から、自分の状態を調節し、行動を制御できれば、どんなことでも変えられると確信している。**人生に何を求めるべきかがわかれば、必ずそれを手にできる。**

ボストンでの一夜から数カ月の間に、私は何人かのホームレスにその人の人生と、なぜ転落してしまったかを聞いてみた。そしてわかったのは、人間には共通の課題があるということだ。ただ、それにどう対処するかによって違いが生まれるのだ。

〝節操のない肯定〟は妄想の始まり、〝節度のある肯定〟は奇跡を生む

成功への道しるべとなる五つのカギはどれも重要だが、難解なものは一つもない。それらを

マスターすれば、限界はなくなる。五つのカギを使わないことは、自らに限界を設けることを意味する。基本は肯定と積極的思考だが、それがすべての答えではない。**節操のない肯定は妄想の始まりであり、節度のある肯定は奇跡を生むのだ。**

1 「挫折」にうまく対応できる人は給料も高い

富と幸福の第一のカギは、「挫折にどう対処するか」である。なりたいものになり、できることはすべてやり、見るもの、聞くものすべてを吸収するには、挫折への正しい対処法を身につける必要がある。

よくあることだが、挫折は夢をも殺してしまう。挫折は、積極的な人間を消極的に変え、自信を奪ってしまう。**守りの態勢に入ると、人間は自分に対して厳しくできなくなる。そうなると、夢の実現はほとんど不可能**である。

成功し続けるためには、挫折への対処法を知ることである。いいことを教えよう。**挫折の連続こそが成功なのである。**偉大なる成功と言われるものを見ればわかるように、そこに至るまでには多くの挫折がある。そのことを否定するのは、成功のなんたるかを知らない人である。**人間には二種類ある。「挫折を乗り越えてきた人」と「ないものねだりをする人」**だ。

フェデラル エクスプレスという小さな会社があった。創業者はフレッド・スミスといい、挫折の山から一大企業をつくり上げた。全財産を投じて創業した当初は、百五十個の荷物を配達できればいいと考えていた。ところが、実際にはたった十六個の受注しかなく、しかもそのうちの五個は自分の会社から従業員に宛てた荷物だった。従業員の給料を支払うための現金がない時もあったし、所有していた飛行機が差し押さえられたこともある。文字どおりの自転車操業が続いた。

しかしフェデラル エクスプレスは今や大企業である。今でも会社が存続しているわけはただ一つ、フレッド・スミスが度重なる挫折にうまく対応してきたからに他ならない。

挫折にうまく対応できる人は、給料も高い。お金に困っている人は、挫折の数が足りないのかもしれない。「すかんぴんだよ。もうおしまいだ」と言ってしまうあなたは、考え方が逆である。乗り越えた挫折の数が多いほど、実入りはいいものだ。財政的に安定している人とそうでない人の大きな違いは、挫折をどう乗り越えるかである。

とはいえ、貧しさは挫折のうちに入らないと言うつもりはない。ただ、貧しさと縁を切り、成功するまでいくつもの挫折を乗り越えなければならないのだ。「金持ちはいいよ。苦労がないんだから」と思うかもしれないが、持てる者には持てるがゆえの問題が数多くある。ただそれを解決するための新しい戦略と選択肢を持っている。

忘れてはならないのは、金持ちはただ金を持っているだけではすまないということだ。一流の人々とのつき合いには、それなりに厄介なことがある。それがいやなら、そういうつき合いは避ければいい。仕事であれ、人間関係であれ、人生で大きな成功を収めるには、幾多の挫折を経験しなければならないのだ。

本書では、挫折への効果的な対処法を教えている。思考をプログラムし直して、「挫折」を、気持ちを奮い立たせる経験に変えることもできる。NLPは、単なる積極的思考法ではない。積極的思考法の難点は、それを実践する頃には、もう手遅れになっている場合が多いことだ。NLPは、ストレスをチャンスに変える方法を教えてくれる。皆さんはすでに、不愉快なイメージを消去したり、正反対のうっとりするようなイメージに変える方法を学んだはずだ。やり方がわかっていれば、決してむずかしくはない。

二段階式の挫折対処法はこうだ。第一に、つまらないことにあくせくしない。第二に、すべてはつまらないことだということを忘れない。

挫折の裏返しが成功であることは、成功した人なら誰でも知っている。ただ不幸なことに、裏側まで到達できない人もいる。目的を達成できない人は、挫折すると足を止めてしまう。

挫折や失望は、目的達成へと向かう行動の妨げになる。それを押しのけ、後退を余儀なくされても、そこから何かを学び取り、あきらめずに前進し続けなければならない。こうした経験

なくして、成功を手に入れた人などいないに違いない。

2 「ノー」を「イエス」に変える魔術

第二のカギは「拒絶にどう対処するか」である。たとえばセミナーなどで、拒絶の言葉を繰り返していると、その場の雰囲気が変わるのがわかる。短い言葉だが、「ノー」と言われることほど人の神経を逆なでするものはない。

二万五千ドルを売り上げるセールスマンと十万ドルを売り上げるセールスマンの違いは何かと言えば、拒絶にうまく対応し、拒絶を恐れずに行動できるかどうかである。ナンバーワン・セールスマンこそ、誰よりも多くの拒絶を経験している。どんな拒絶も次の「イエス」のための足がかりにするのである。

欧米社会に暮らす上で最大の問題は、拒絶にどう対応するかである。繰り返しになるが、もし失敗が許されないとしたら、皆さんはどうするだろう。

考えてみてほしい。絶対に失敗できないとなったら、行動にどのような影響が出てくるだろう。それでもやりたいことをやりたいようにできるだろうか。できないとしたら、それはなぜなのか。それは「～してはいけない」という否定の言葉以外にない。成功するには、拒絶や否

定に対応する術を身につけ、マイナスの影響を受けないようにしなければならない。

◎「負けグセ」を「勝ちグセ」に変えるこの〝わずかな差〟

以前、私はハイジャンプのオリンピック選手の練習に手を貸したことがある。その当時、彼は記録が伸び悩んでいた。私は一目見て、何が問題なのかがわかった。ジャンプに失敗して、バーを落とすたびに、一人で堂々巡りを繰り返していたのだ。つまらない失敗を一大事のように思い、悩んでいた。

私は彼を呼び、私の助言がほしいなら、そういうことは二度とするなと言った。

彼はあらゆることを失敗と結びつけて考えていた。そのため、自分の脳に最強の失敗イメージを送ることになり、ジャンプする時もそのイメージを振り払うことができなかったのだ。ジャンプするたびに、彼の脳は失敗することばかり心配し、成功するどころではない状態になっていた。

そこで私は彼に、今度バーを落とした時は、失敗したと思うのではなく、何でもいいから、前と何が違っているかを発見するように言った。以前の好調な時の状態を思い出し、それを取り戻すためだ。三回目になると、それまでの二年間を上回るジャンプを見せるようになった。

七フィート（二・一三四メートル）と六フィート四インチ（一・九五一メートル）の差は、

わずか一〇%ほどである。高さにしてみればたいした差ではないが、競技となるとこの差は大きい。つまり、わずかな差が、人生の質を大きく変えることもあるのだ。

◎あのランボーがついに「日の目」を見るまで

ランボーという名前を聞いたことがあるだろうか。そう、シルベスター・スタローン演じるヒーローだ。スタローンがこの役を手に入れたのは、エージェントや撮影スタジオにふらっと現われたところを、「おや、いい身体してるね。ちょっと映画に出てみないか」と言ってスカウトされたからでは断じてない。彼は拒絶に次ぐ拒絶を耐え抜いて、ようやく成功を手にしたのだ。

初めの頃、彼は何千回と拒絶され続けた。ニューヨーク中の俳優エージェントのドアを叩いたが、ことごとく断られた。それでも売り込み続け、努力を続けた結果、ついに『ロッキー』の主役の座を射止めた。千回「ノー」と言われても、千一回目のドアを叩くことをやめなかった。

あなたなら、何回の「ノー」に耐えられるだろう。すてきな異性を見かけて話しかけたいと思っても、「ノー」と言われたくないばかりにあきらめたことが何度もあるのではないだろうか。「ノー」と言われるに決まっていると思って、就職試験やオーディションを受けなかった

り、セールスの電話をかけなかったことがきっとあるだろう。

そんな馬鹿な話はない。「ノー」という言葉を聞きたくないばかりに、自分で自分に限界をつくってしまっている。「ノー」という言葉自体にはなんの威力もなく、肉体を傷つけられるわけでも、精気を吸い取られるわけでもない。ただ自分がどう受けとめるかだけである。

「ノー」という言葉を聞いて思考を制限してしまえば、待っているのは制限された人生だ。

だから、拒絶への対応法を身につけ、「ノー」という言葉を聞くとやる気が湧いてくるようにアンカリングするのだ。どんな拒絶であれ、それはチャンスに変えられる。テレホンセールスの仕事をしている人なら、電話に手を伸ばすだけで気分が高揚するようなアンカリングをすれば、拒絶されることに対する恐怖心はなくなるだろう。

拒絶を経験しなくては、真の成功は手に入らない。拒絶されればされるほど、その経験から得るところも多く、結果に一歩近づくことになる。拒絶された時の対応法がわかれば、どんなものでも手に入れられるだろう。

3 〝経済的プレッシャー〟に潰されない気の持ち方

富と成功、幸福の第三のカギは、「金銭問題にどう対処するか」である。お金には、強欲、

妬《ねた》み、欺瞞《ぎまん》、妄想がついて回る。お金が原因で、正気を失い、友情を失うこともある。とはいえ、それは確率の問題である。金銭上の問題に対処するとは、どのように与え、どのように稼ぎ、どのように貯蓄するかを知ることである。

初めて金儲けを始めた頃、私は周囲の顰蹙《ひんしゅく》を買った。友だちからは縁を切ると言われた。彼らはみな、「お金なら十分あるじゃないか。いったい何を考えているんだ」と言うので、私は「十分じゃないよ。まあ、いくらかは持っているけどね」と答えたものだ。

しかし、彼らはそうは思っていなかった。私の資産状況が変わったために、彼らは急に私も人が変わってしまったと思ったのだ。中にはひどく憤慨している人もいた。そういうのも金にまつわる一つのプレッシャーになる。

お金が十分にないのもプレッシャーである。たいていの人はその種のプレッシャーを常に感じている。しかし、お金が多いか、少ないかは別として、金銭問題には対応していかなければならない。

人間の行動はすべて自分の哲学、つまりは、どのように行動するかを決める内面的イメージによって導かれており、どのように行動すべきかの手本が示される。

ジョージ・S・クレイソンの『バビロンの大富豪』には、金銭問題の対処法が記されている。これはぜひ読むと良い。これを読むと、裕福で、幸福になり、胸が高鳴ることだろう。その中

で私が一番大切だと感じたのは、収入の一〇%を寄付するという点だ。その理由の一つは、世の中から得たものは返さなければならないからだ。

もう一つの理由は、それが自分を含む多くの人々のための「価値」を生み出すからだ。さらに重要なのは、この世と自分自身の潜在意識に対して、富と幸福は十分すぎるほどあると伝えていることだ。これは大切にすべき力強い信念である。もし十分すぎるほどあるなら、あなた以外の人とも分かち合える。そう考える人は、夢を実現できるだろう。

先日、カリフォルニア州グレンドーラにある私の母校に恩返しをするチャンスに恵まれた。私は教師のためのプログラムを実施していて、人生に影響を与えた先生方にぜひ私の感謝の意を表したいと考えていた。

私がかつて学んだ「プレゼンテーションの方法」というプログラムは、資金不足のために廃止されていた。誰もその授業の重要性を理解していなかったのだ。そこで私が資金を提供した。私が得たものを返すことができたわけだ。

別に私がすばらしい人間だからそうしたわけではない。ただ借りを返したかっただけだ。借りを返すというのは、気分のいいものである。それがお金を持つ本当の理由でもある。私たちはみな、何らかの借りがある。お金を持っているといいのは、そういった借りを返せることである。

私が子どもの頃、両親は家族のために必死で働いていた。いくつかの理由から、私の家族は財政的に非常に苦しい状態にあった。ある年の感謝祭の日、家にはお金が一銭もなかったことがある。みんなすっかり憂鬱な気分になっていた。しかし、ある人が箱いっぱいの缶詰と七面鳥を持って玄関に現われたのである。

配達に来た人が言うには、「私たち家族が物ごいをするような人間ではないことを知っていて、私たちのことを愛していて、すばらしい感謝祭を過ごしてほしいと思っている誰か」からの届け物だった。

私はその日のことを決して忘れないだろう。こうして、私は感謝祭にはそれと同じことをするようになった。その日は一週間分の食べ物の買い出しに行き、それを恵まれない家族に届けるのである。

食べ物を届ける時は、送り主本人だということを隠し、配送業者の配達員のふりをして届ける。そして必ず、「皆さんのことを大切に思い、いつの日かあなた方も恵まれない人に手を差し伸べるような人になってほしいと願う者より」というメモをつけておくのだ。

◎「絶対不幸にならない」お金の使い方

収入の一〇%を寄付し、一〇%は借金返済に充て、一〇パーセントは投資資金として積み立

てるといい。つまり収入の七〇％で必要経費を賄う必要がある。

私たちは資本主義社会に暮らしているが、ほとんどの人は資本家ではない。そのため、思いどおりのライフスタイルを実現することがむずかしい。資本主義社会に暮らし、さまざまなチャンスに囲まれているにもかかわらず、なぜ祖先が苦労して構築してきたシステムを利用しようとしないのか。

まず、自分で稼いだお金を資本として活用する方法を学ぶことだ。ただ使っているだけでは、資本をつくることはできないし、必要な資源は決して手に入らないだろう。

基本的な考え方は、お金も他のものと同じだということである。お金を生かすも殺すもあなた次第なのだ。お金を扱う時も、他のものを扱う時も、常に目的と優雅さを持たなければならない。お金を稼ぎ、貯蓄し、与える。それができれば、どんな金銭上の問題にも対応できるようになるだろうし、お金のせいで消極的になって、自分を不幸だと思ったり、周囲の人の能力を十分に生かせないような状態に陥ったりすることは二度とないだろう。

最初の三つのカギをマスターすれば、あなたの人生は大きく成功に向かって前進し始めるだろう。挫折、拒絶、金銭問題の三つを克服できれば、不可能はほとんどなくなる。

ティナ・ターナーが歌っているところを見たことはあるだろうか。彼女は、この三つをいや

というほど経験した。スターになったものの、結婚に破れ、財産を失い、八年間も場末のホテルやクラブのどさ回りをしていた。人気絶頂の頃よりも遥かに安いギャラでも、ほとんど仕事の依頼はなかった。

しかし彼女は売り込みを続け、「ノー」と言われても気にせず、借金を返し、経済状況を立て直した。そして最後には、再びトップスターとして返り咲いたのだった。

4 〝自己満足の壁〟はなかなか手強い！

このように、どんなことでもできるようになったところで、四番目のカギが必要になる。それは**「自己満足にどう対処するか」**である。皆さんも、有名人やスポーツマンで、トップに立ったとたんに歩みを止めてしまった人を見たことがあるだろう。すっかり安心して、そこに到達するまでの原動力となっていたものを見失ってしまうのだ。

安心は、ある意味、肉体にとってもっとも危険な心情である。安心すると人間はどうなるか。成長をやめ、働くのをやめ、付加価値を創造するのをやめてしまう。安心しすぎてはいけない。心底安心してしまうと、きっと成長が止まってしまう。ボブ・ディランがこんなことを言っていた。

「生きるのに忙しくない奴は、死ぬのに忙しい奴だ」

人間は登っていない時は、滑り落ちてしまう。マクドナルドの創始者レイ・クロックは、一生成功し続けるためのアドバイスを求められ、これだけは覚えておくようにと答えた。

「まだ青いうちは成長する。成熟すると、あとは腐るだけだ」

青いうちなら成長できる。どんな経験であれ、それを成長のチャンスにもできるが、同じ経験が堕落への第一歩になることもある。定年退職はより豊かな生活の始まりであると同時に、現役生活の終わりでもある。成功もさらなる飛躍への足がかりでもあり、安住の地でもある。もし成功は安住の地だと考えるなら、それ以上の成功は望み薄である。

ある種の自己満足は、妥協の産物である。以前、私は自分が知っている人たちと自分を比べて順調にいっていると満足していた。しかし、これが最大の間違いだった。もしかしたら、自分の周囲には優秀な人がいないのかもしれない。**「自分を評価する時は、周囲の人を基準にするのではなく、目標までの距離で評価せよ」**ということだ。なぜなら、人間は常に自分を正当化しようとするからだ。

子どもはよくそういう言い方をする。

「ジョニーがやったんだから、僕もやっていいでしょ？」

母親はおそらくこう答えるだろう。

「ジョニーがどうしたかは関係ありません」

まったくそのとおりである。ジョニーや、メリーや、ジョーンズさんは関係ないのだ。

自分には何ができるか、そして何をしたいかだけを考えていればいい。他人が何をしているかではなく、自分の目標に向かって、強力に、絶えず進化し、目標達成を可能にするいくつかの目安を設定することだ。

どんな時でも、自分より一歩先を行っている人がいるはずだ。また、一歩後れをとっている人もいるだろう。そんなことはどうでもいい。**自分を評価するには、自分の目標のみを基準としなければならない。**

◎〝つまらないこと〟には目も耳も貸さない

自己満足を回避するためのもう一つの方法は、カルチャーセンターレベルのセミナーには参加しないことだ。おわかりと思うが、そういう場所では、他の参加者の仕事ぶりや性生活、経済状況など、あらゆるものが批判にさらされる。そのようなセミナーに参加することは、自殺行為である。

脳味噌に注入された毒のせいで、あなたは他の人たちが私生活において何をしているかに注目し、自分自身の人生を向上させるには何をしたらいいかと考えなくなる。そういうセミナー

の虜《とりこ》になったらおしまいだ。思うような人生を送ることができず、退屈している人たちだけが、そういうセミナーに出かけて、気を紛らわしていることを忘れてはならない。

ローリング・サンダー（轟く雷鳴）という名前のインディアンの賢人がしばしば口にした言葉に、「役に立つことだけを口にせよ」というのがあった。口は災いの元という言葉もある。

私が言いたいのは、「つまらないことにかかずらうな」である。

小さなことを大げさに考えるのはやめること。現状に満足し、平凡なままでいいと思うなら、誰と誰は不倫しているという噂話に花を咲かせていればいい。自分らしく生きたいなら、自分に挑戦し、自分を試し、自分の人生を特別なものにしなければならない。

5 「目先の損得勘定」は絶対しない

最後、五つ目のカギは、「手に入れられそうだと思った分より、さらに多くのものを与えよ」。

これこそ、真の幸福を約束するもっとも重要なカギである。

ある夜、会議が終わって車で家に帰る途中、私は今にも眠ってしまいそうだった。道路の凸凹のおかげで、かろうじて我に返るような状態だった。そんな半分眠ったような状態で、私は何が人生に意味を与えるかを解き明かそうとしていた。その時、突然小さな声が頭の中でこう

言った。

「生きることの極意は与えることだ」と。

意義のある人生を生きるためには、まず与えることだ。多くの人は、まず自分が受け取ることを考える。

しかし、人生はまず与えることからスタートする。ところが、人間というものは、最初に何かを受け取りたいと思うものであり、そこが大きな問題なのだ。

ある夫婦が私のところへ相談に来た。夫は妻が冷たいと言う。妻は夫が愛情を示してくれないと言う。そして二人はお互いに相手が先に愛情を示してくれることを期待している。

そんな関係がいつまでも続くはずがない。すべての人間関係の基本は、まず自分から与え、かつ与え続けることである。

与えるのをやめ、受け取るのを待っていてはいけない。損得勘定をするようになったら、人間関係は終わりである。「僕は与えたんだから、今度は彼女の番だ」と言い張っても終わりは終わりである。彼女は去っていくだろう。

世界中どこへ行っても、この法則は変わらない。まず最初に種を蒔《ま》き、それから苗を育てなければならないのだ。

種も蒔いていない畑の土に向かって、「早く実をつけろ。苗はどこだ」と言ったとしても、

土はおそらくこう答えるだろう。

「もしもし、それは無理な注文というものですよ。ご存じないようですが、ものごとにはルールというものがあるんです」

そして、まず土を耕し、種を蒔き、水をやり、肥料をやり、守り、大切に育てなければならないということを説明してくれるだろう。そして、もしそれがうまくいけば、そのうち苗や実が手に入るだろう。何もせずに土に向かって、実だ、苗だと言うのは勝手だが、それではなんの解決にもならない。実を収穫するには、与え、慈しまなければならない。人生もまさにそれと同じなのだ。

金儲けをするのもいい。王国や巨大産業を支配し、広大な領土を手中に収めるのもいい。しかし、それを自分のためだけにやっていれば、真の意味での成功とは言えない。真の力も、真の富も手に入れられない。**自分一人で「成功の頂点」に到達したのなら、いつかそこから飛び降りることになるだろう。**

成功に関する最大の勘違いは、成功とは山の頂上を征服し、高価な物を所有し、確固たる成果を達成することだという考え方である。

もし成功を望むなら、もしすべての目標を達成したいなら、成功とはプロセスであり、生き方であり、心の持ちようであり、人生の戦略なのだと心得なければならない。本章のポイント

はそこだ。

自分は今何を持っているか、これからどのような危機に遭遇するかを知っておかなければならない。これから真の富と幸福を手にしたいと思うなら、自分の力を責任と愛情を持って活用しなければならない。

ここで挙げた五つに対処できれば、本書で説明してきたすべてのスキルと力を使って、すばらしい結果を出すことができるはずだ。

13

最後に、あなたの成功を確信する！

ここまでの道のりを皆さんと共に歩んできたわけだが、ここから先、どこまで進むかは、あなたの気持ち一つである。本書の目的は、人生に変化をもたらすためのツールとスキル、そして考え方を皆さんに提供することであり、それらをどのように生かしていくかは、一〇〇%各人の意志にまかされている。

あなたには、自分と大切な人に奇跡をもたらすほど、力強い信念と精神状態をつくり出すことができる。だが、実現の可能性は、あなたにかかっている。

「大物」が一生をかけた知恵を〝数時間でマスター〟できる!

ここで、これまでに学んできたことを振り返ってみよう。おわかりと思うが、地球上で最強のツールはあなたの二つの耳の間に鎮座している生物学的コンピュータ、すなわち脳である。的確に操作すれば、人間の脳は夢のようなすばらしい人生をもたらしてくれるだろう。

私たちが生きている現代は、万人に大成功のチャンスが与えられている時代だが、それを実現できるのは実際に行動を起こした人だけである。知識も重要だが、それだけでは何にもならない。**知識の面では、スティーブ・ジョブズやテッド・ターナーに引けをとらない人はいくらでもいたはずだ。しかし大成功を手にし、世界に変化をもたらしたのは行動を起こした人間だ**

けなのだ。

「モデリング」も重要だ。人は経験や試行錯誤によって学んでいくものだが、手本となる人がいれば、このプロセスは飛躍的に短縮することが可能だ。

めざましい成功を成し遂げた人の内的（精神的）行動と外的（肉体的）行動を手本にすれば、成果を出すためにかかる時間を大幅に短縮できる。その人が何カ月、あるいは何年もかけて発見したことを、数カ月または一、二年で、またその内容によっては数時間でマスターすることもできるのだ。

人生の質は「コミュニケーションの質」によって決まることも学んだ。コミュニケーションには二つの形がある。

一つは自分とのコミュニケーション。どんな出来事であれ、意味づけをするのは自分である。どんなことでもうまくいくような、力強く、前向きで、やる気の出るシグナルを脳に送るか、にっちもさっちもいかなくなるようなシグナルを脳に送るかは、自分で決めればいいことだ。

二つ目は、他者とのコミュニケーションである。世界に大きな変化をもたらした人々は、コミュニケーションの達人だった。あなたも本書で学んだことをフル活用して、効果的かつ巧みで、洗練されたコミュニケーションの達人になれるだろう。

信念の持つ大きな力についても学んできた。積極的な信念の持ち主は勝者になり、消極的な

信念の持ち主は敗者になりやすい。信念を変えることで、潜在能力を十二分に活用できるようになる。

その他にも、精神状態や生理機能がどのように力を発揮するか、ラポールを築く方法、リフレーミングとアンカリングの絶大な効果、そして成功するために克服すべき五つの課題についても学んできた。

この「小さなきっかけ」「小さな達成感」を大事にすること！

この本を読み終えた瞬間に、誰もが大変身を遂げるわけではない。中にはわかりにくい部分もあったことだろう。しかし、人生は徐々に進んでいくものだ。一つの変化がさらなる変化を引き起こす。小さな一歩が大きな飛躍につながる。

同じ方向を向いている二本の矢を想像してほしい。そのうちの一本の向きをわずかに変えたとしよう。たとえば三度か、四度、向きを変えたとしても、その時点での差は目で見てもわからないぐらいだ。ところが、二本の矢が何メートル、あるいは何キロも飛んでいった時、軌跡は大きくずれていく。そして最後には、二本の矢が同じ場所から発射されたこともわからなくなるだろう。

つまり、これが本書の果たすべき役割である。

人生が一夜にして変わることはない。しかし、もしあなたが脳の使い方を身につけ、本書で紹介してきたテクニックを活用できるようになれば、六週間後、六カ月後、六年後には人生はひと味違ったものになるはずだ。

人生は積み重ねである。本書で紹介した原理を一つ活用したなら、あなたは一歩前進したことになる。**一つの「きっかけ」から、一つの結果が生まれる。その結果を一つ、また一つと積み重ねていけば、人生は一つの方向へと進み始める。**どんな歩みも最終的な目的地へと続く一歩なのである。

自分の中の「変化力」こそが頼りになる

最後に考えておきたいことがある。あなたは今、どの方向に向かって進んでいるのか。今のまま進んでいくと、五年後、十年後にはどんな場所に到達しているだろう。その場所は、あなたが行きたいと望んでいる場所だろうか。自分に正直になって、これらの質問に答えてほしい。

ジョン・ネイスビッツ（世界的なベストセラー『メガトレンド』〈三笠書房刊〉の著者）は、未来を予測する最善の方法は、今起こっていることを明確に理解することだと言った。

人生も同じことだ。本書を読み終わったなら、ぜひ腰を落ち着けて、自分が進んでいる方向を見定め、それが本当に自分の目指している方向か、考えてみよう。もしそうでないとわかれば、変化を起こすべきだ。

あなたの中にある**「無限の力」とは、変化、適応、成長、進化する能力のことである。**何があっても失敗せず、常に成功する能力のことではない。

「無限の力」とは、どんな経験からでも何かを学び、それを自分のために生かす力である。自らの考え方や行動、それによって生まれる結果を変えていくことが「無限の力」なのだ。人を思いやり、愛することには、人生をより良いものにする無限の力が秘められている。

〝信頼できる仲間〟を持て、「思いがけない強さ」を発揮できる

人生に変化をもたらし、常に成功するためのもう一つの方法がある。それは共に歩むチームを見つけることだ。本書でも述べたように、個々の力は小さなものでも、何人かの力を結集すると、思いがけない強さを発揮する。チームのメンバーは自分の家族や親しい友人でもいい。信頼できる仕事仲間や同僚、恋人でもいい。自分のためだけではなく、人のために努力すれば、より大きな成果を上げられる。

人生における最高の経験は何かと尋ねられると、チームの一員として成し遂げたことを挙げる人が多い。

チームの中なら、思う存分能力を発揮し、成長できる。自分一人ではできないやり方で、他のメンバーがあなたを育て、課題を与えてくれる。自分のためならしないことも、人のためにはしてあげることもある。しかも、それが無駄になることはない。

生きることは、チームの一員になることでもある。家族、恋人、同僚、町、国、世界、どれをとっても、あなたはチームの一員である。ベンチに座ってぼんやりと傍観するだけか、それとも立ち上がって積極的に参加するかは、あなたが選択すればいい。

私ならみんなと一緒に参加することをお勧めする。なぜなら、与えるものが多ければ多いほど、得るものも多いからである。ここで身につけたスキルを自分と他のメンバーのために活用すればするほど、見返りも多くなるのだ。

あなたは「キケロ」になるか、「デモステネス」になるか

私が最後に果たすべき責任は何かと言えば、これらの情報を皆さんに伝えることである。それには二つの理由がある。

一つには、私たちは互いに、大切なことを教え合っているからである。アイデアを人と共有すると、価値観や信念がいかに重要か繰り返し耳にし、自分でもそれを再確認できるのだ。もう一つの理由は、相手の人生に本当に重要で、前向きの変化をもたらす手助けができた時、言葉では言い表わせないほどの豊かさと喜びを感じることができるからだ。

つまり、これこそがこの本の中で私が言いたかったことなのだ。**行動する人間になれ。主導権を握れ。行動しろ。身につけたことを活用しろ。今すぐに。自分のためだけではなく人のためにも。**

行動することでもたらされる結果は、思った以上にすばらしいものになるはずだ。世の中には口先だけの人間や、何が正しいか、何が効果的かわかっていながら、思いどおりの結果を出せない人間が山ほどいる。言葉にするだけではなく、行動に移して実現させなければならない。「無限の力」はそこから生まれる。

古代ローマの政治家キケロと、古代ギリシアの政治家デモステネスはともに雄弁なことで知られていた。キケロが演説すると、聴衆は必ず総立ちで拍手喝采し、「すばらしい演説だ」と叫んだ。デモステネスが演説すると、聴衆は「行進しよう」と言って、歩き出した。

つまり、「説明」と「説得」の違いであり、「理解」と「行動」の違いである。私なら後者を選ぶ。本書を読んで、「へえ、これはすごい本だ。便利なツールも満載だ」と言いつつ、何一

つ実際に活用しないなら、私も、皆さんも、そろって時間を浪費したにすぎない。

しかし、皆さんが今すぐにこの本を、心と身体を効率よく管理し、人生を変える手引書として活用するなら、今まで実現不可能と思っていた夢でさえ、お茶の子さいさいに見えてくるだろう。私が初めてこの原理を日々の生活に応用した時も、実際そういう変化が起き始めたのである。

「名作」のような人生を生きよ！

ぜひ、**自分の人生を「名作」と呼べるすばらしいものにしてほしい。口先だけではなく、実践する人になってほしい。**そういう人が世の中の度肝を抜くような成功を収められるのだ。自分の夢や希望を着実に実現していく数少ない人々の一員になってほしい。

私は、持てる力を生かしてすばらしい成功を収めた人々の物語からたくさんの刺激を受けた。私の物語、つまり本書があなたの刺激となったなら幸いである。

あなたの学ぶ姿勢と、成長と進歩を目指す意気込みはすばらしい。私自身の人生に大きな変化をもたらした原理原則のいくつかを分かち合えたことをうれしく思う。成功を求める探求の旅が実り多いものであると同時に、決して行き詰まることがないよう祈っている。

自らが定めた一つの目標をいったん達成したら、次なる目標を目指して前進してほしい。いつまでも一つの夢にしがみつかず、より大きな夢を抱き、自分の国の豊かさを享受するだけでなく、より良い国をつくるために貢献してほしい。そして、人生から勝ち取るだけではなく、愛し、惜しみなく与えるために努力してほしい。

最後に、アイルランドの祈りの言葉を捧げよう。

あなたの歩みに合わせて道は登り坂になり、
いつもあなたの背に追い風が吹き、
太陽があなたの顔を温かく照らし、
やさしい雨があなたの畑を潤し、
そして、また会う日まで、神の御手にしっかりと抱かれんことを。

〈了〉

一瞬《いつしゅん》で自分《じぶん》を変《か》える法《ほう》

著　者——アンソニー・ロビンズ
訳　者——本田　健（ほんだ・けん）
発行者——押鐘冨士雄
発行所——株式会社三笠書房
〒112-0004 東京都文京区後楽1-4-14
電話：(03)3814-1161（営業部）
：(03)3814-1181（編集部）
振替：00130-8-22096
http://www.mikasashobo.co.jp
印　刷——誠宏印刷
製　本——宮田製本

編集責任者　前原成寿
ISBN4-8379-5670-X C0030

「頭のいい人」はシンプルに生きる

ウエイン・W・ダイアー［著］

上智大学名誉教授 渡部昇一［訳・解説］

三笠書房

あなたは、「ものわかりのいい人」になる必要はない！

全世界で930万部の大ベストセラー！

この本に書かれていることを実行するには、初めは少し勇気がいるかも知れません。

★なぜ、「一番大事なもの」まで犠牲にするのか
★自分の力を100パーセント発揮できる「環境づくり」
★「どうにもならないこと」への賢明な対処法
★デリカシーのない人に特効の「この一撃」
★こう考えればいつも「ツイている日」に
★どんなときでも「今」「ここ」を楽しむ法
★「こんなことをして、何の得があるか」といつも問え
★毎日を「一番ポジティブな自分」で生きる！

T10024